Couverture inférieure manquante

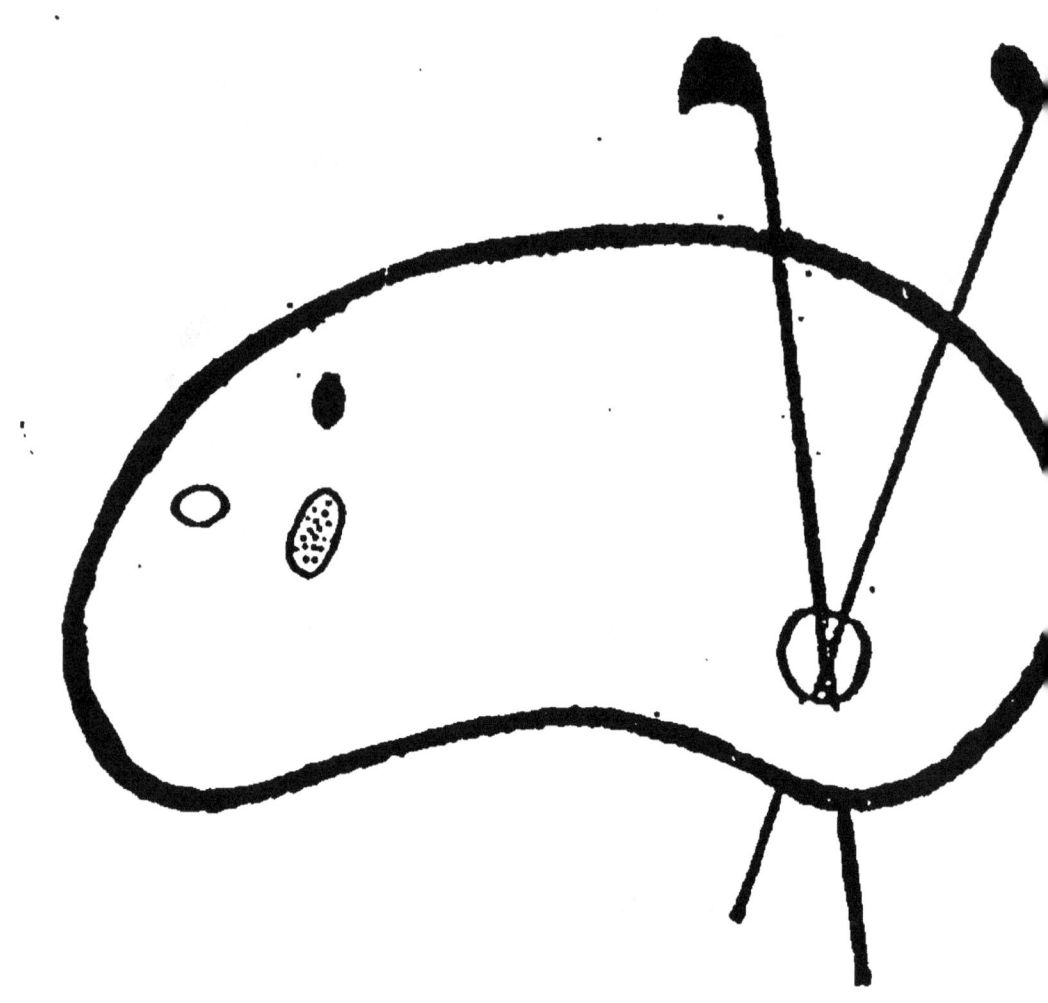

DEBUT D'UNE SERIE DE DOCUMENTS EN COULEUR

LA
LOI MORALE

FONDÉE

SUR L'ÉTUDE COMPARÉE DES DEUX NATURES DE L'HOMME,

L'ESPRIT ET LA MATIÈRE

PAR

L. BARBIER

> Le monde phénoménal et le monde idéal, disait Bacon, se ressemblent comme un cachet et l'empreinte qu'il laisse sur la cire. LAUGEL

NOUVELLE ÉDITION REVUE ET AUGMENTÉE

PARIS
LIBRAIRIE FISCHBACHER
(Société anonyme)
33, RUE DE SEINE, 33
—
1884
Tous droits réservés.

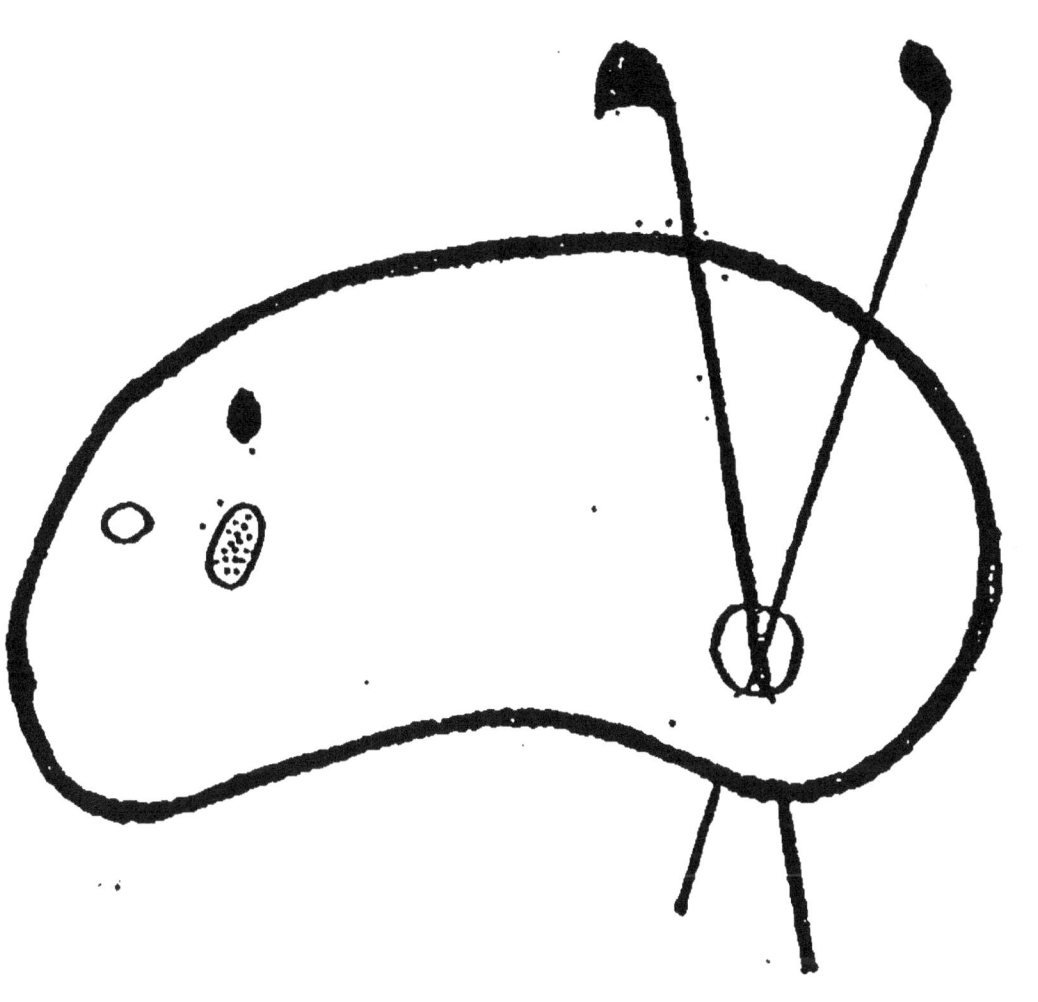

FIN D'UNE SERIE DE DOCUMENTS
EN COULEUR

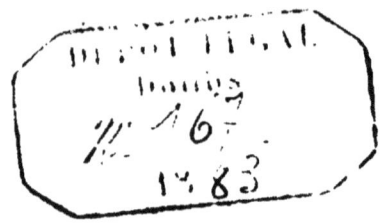

LA LOI MORALE

LA
LOI MORALE

FONDÉE

SUR L'ÉTUDE COMPARÉE DES DEUX NATURES DE L'HOMME,

L'ESPRIT ET LA MATIÈRE

PAR

L. BARBIER

> Le monde phénoménal et le monde
> idéal, disait Bacon, se ressemblent
> comme un cachet et l'empreinte qu'il
> laisse sur la cire.   LAUGEL.

NOUVELLE ÉDITION REVUE ET AUGMENTÉE

PARIS
LIBRAIRIE FISCHBACHER
(Société anonyme)
33, RUE DE SEINE, 33
—
1884
Tous droits réservés.

PRÉFACE

Les sociétés humaines sont sous le coup d'un malaise fiévreux qui les incite à s'ouvrir de nouvelles issues. Tous les principes sont remis en question, et de ce travail de rénovation surgissent les opinions et les systèmes les plus contradictoires.

Nous sommes avec ceux qui pensent que pour conjurer le mal social, il faudrait donner plus d'extension à la pratique des devoirs de commisération, d'amour et de sacrifice. Cependant quelque recommandable que soit le devoir de charité, s'il est illimité et exclusif, il devient subversif à son propre but. Le devoir de charité a donc besoin d'être limité par quelque autre principe qui lui fasse contre-poids, et ce principe régulateur du devoir, c'est le droit de justice pour soi, non moins sacré et fructueux pour la société que le devoir de charité pour le prochain.

Là est la base et l'esprit général d'un essai de *Code moral* que nous dédions à la jeunesse, avec l'espoir qu'elle y trouvera un point sérieux d'appui et de comparaison pour mieux juger les questions qui se débattent sous ses yeux. Son inexpérience la rend crédule autant qu'avide de nouveautés, et notre époque de doute et de remaniement n'est point sans péril pour sa moralité. Raviver les aspirations et les croyances instinctives du sens moral, qui vont toujours s'affaiblissant sous l'influence malsaine d'inductions fondées trop exclusivement sur des données empiriques, est l'œuvre opportune que nous avons abordée. Puissions-nous l'avoir traitée avec autant de sens pratique que de bonne volonté !

INTRODUCTION

L'antagonisme des sociétés humaines a son principe dans l'antagonisme des instincts de l'individu, la réforme de l'individu en est donc le remède souverain. Ce qu'il faut avant tout à l'individu pour effectuer cette réforme en lui, c'est la connaissance de la loi dont les statuts ponctuellement observés fonderaient la paix du for intérieur et la paix sociale.

L'homme, tout à la fois âme et corps, est évidemment pourvu de deux ordres d'instincts qui président respectivement au développement et à la vie de ses deux natures. Ces instincts, fréquemment en opposition, sollicitent la volonté dans des sens contraires et alternativement, les uns l'emportent sur les autres avec une tendance constante à exclure de plus en plus ceux qui leur sont opposés. Il en résulte des irrégularités et un antagonisme qui ne tardent point à provoquer une réaction qui rétablit le contraire dans une mesure également extrême, et qui donne des résultats tout aussi déplorables.

Lorsque les instincts spirituels suivent cette marche exagérée, ils conduisent au renoncement et le renoncement abâtardit l'âme. Toutefois ce qui se manifeste le plus généralement, ce n'est point la prédominance excessive des instincts spirituels, mais bien plutôt celle des instincts matériels.

Les instincts matériels en prenant une extension désordonnée et exclusive dans l'individu, incitent celui-ci à ne se préoccuper que de lui-même. Chaque individu devient par là impropre à s'unir fraternellement à ses semblables, et cela d'autant plus que chez ceux-ci, il rencontre des dispositions pareilles qui, se gênant réciproquement, font éclater entre eux la haine, la violence et l'injustice.

Les défaillances coupables, les capitulations étranges des instincts spirituels qui devraient garder la prépondérance, dégradent l'homme de plus en plus. Par suite, à sa vie déjà si pleine de difficultés matérielles, s'ajoutent les souffrances morales qui sont la suite inévitable des dérèglements de l'esprit.

Par une conséquence naturelle de faits successifs faciles à saisir, l'égoïsme individuel, qui rend l'homme ennemi de l'homme, imprègne également de son caractère dissolvant toutes les classes de la société. Il les rend hostiles entre elles de la même manière et par de semblables méfaits. Dans les classes privilégiées, comme dans celles qui sont deshéritées, l'égoïme détruit ce qui les rapprocherait et les unirait : l'amour du prochain, la conception intelligente du devoir qui en découle, et l'énergique volonté qui élève incessamment les actes de ce devoir au niveau des difficultés et à celui des ressources croissantes.

C'est parce que tout ensemble homogène reproduit invariablement les caractères généraux des éléments qui le composent, que les mêmes luttes, la même incohérence de l'homme intérieur reparaissent avec leurs désastreuses conséquences dans les relations d'homme à homme, de classe à classe et de nation à nation. Il en ressort évidemment que pour pacifier les sociétés humaines, et y établir le règne de la bonne entente, ce n'est point par une réorganisation des sociétés humaines qu'il faut commencer, mais par la réforme de l'individu, en tant que partie constitutive des sociétés humaines.

L'harmonie qui règne dans la nature et jusque dans les cieux, doit nous faire supposer que l'homme a aussi en lui des puissances intimes capables de réaliser, dans son for intérieur, et dans les sociétés humaines, une semblable harmonie. Il est manifeste que l'homme est pourvu d'instincts qui favorisent le développement et la vie de son corps, pourquoi n'en serait-il pas de même à l'égard du développement et de la vie de son âme? A côté des instincts matériels qui protègent la vie du corps, Dieu, n'en doutons point, a placé dans l'homme des instincts spirituels pour y être la force et la vie de son âme. Les éléments pour fonder la paix de l'âme et la paix sociale ne manquent donc point à l'homme. Ce qui lui manque. c'est plutôt la connaissance de la loi qui devrait régir ses instincts opposés, et qui ponctuellement observée les ferait concourir à un but complexe, harmonique et pour tous bienfaisant et glorieux.

Pour arriver à connaître sa loi, l'homme doit s'appliquer avant tout à se connaître lui-même. Il doit prêter une oreille attentive à la voix de ses instincts, car c'est par eux que Dieu lui parle. C'est en se rendant un compte exact de ses facultés, de ses tendances instinctives, de ce qui agit sur lui, de ce qu'il peut et de ce qui s'est accompli jusqu'ici dans l'humanité que, par induction, l'homme arrivera à la conception de plus en plus véridique du but final qu'il doit se proposer sur cette terre, et à celle de la loi qui doit le guider dans cette voie, encore si pleine d'obscurités et de malentendus.

Ce but et cette loi, que beaucoup pressentent avec plus ou moins de netteté, ont été de notre part l'objet d'une attention précoce et constante qui nous a suggéré des aperçus qu'au déclin de notre âge, nous croyons utile de réunir et de publier.

LA LOI MORALE

FONDÉE

SUR L'ÉTUDE COMPARÉE DES DEUX NATURES DE L'HOMME,

L'ESPRIT ET LA MATIÈRE

CHAPITRE I.

Origine et définition du principe de l'analogie et de celui de la dualité. Rapide exposé des propositions d'où se déduisent les conclusions théoriques de la loi morale absolue, complétée par les sous-entendus qu'elle comporte. La loi morale est révélée et confirmée par sa parfaite concordance avec les instincts et les prédispositions natives de l'homme. Moyen pratique de se conformer au précepte transcendant de la loi morale exprimé par: *Donner plus qu'on ne reçoit.*

Notre étude comparée des deux natures de l'homme, l'esprit et la matière, repose tout entière sur deux principes primordiaux: l'analogie et la dualité. L'origine et l'évidence de ces deux principes ressortent de ce qui suit:

La force mystérieuse qui fait apparaître chaque homme sur la terre et l'en fait disparaître, sans qu'il puisse se soustraire à cette double évolution, ni même en comprendre la raison et la fin, prouve suffisamment que l'homme, esprit et matière, est sous la dépendance d'un Etre supérieur auquel il doit l'existence. Le spectacle incommensurable de l'univers permet de supposer que cet Etre supérieur est souverainement puissant, et par suite, qu'il réunit, sans aucune lacune, tous les principes de vie; ce qui conduit à penser qu'en dehors de la manière d'être de l'Etre supérieur, il n'y a point de vie possible, c'est le néant. Donc, en créant l'esprit humain et la matière, l'Etre supérieur leur a infusé, en tant que principe de vie, et dans une mesure graduellement affaiblie, quelque chose de sa propre manière d'être, puisque c'est là la condition de toute existence, soit spirituelle, soit matérielle. L'esprit humain serait alors une pâle projection de fond, d'essence de la divinité, et la matière, une pâle projection de fond, d'essence de l'esprit humain qui, n'étant déjà qu'une reproduction affaiblie du type primitif, n'a pu réaliser qu'une reproduction matérielle analogique tellement affaiblie et difficile à déchiffrer que des siècles d'études et de recherches devenaient nécessaires à l'homme pour arriver à constater ce qu'il y a d'analogue entre l'esprit humain et la matière. C'est ainsi que s'expliquerait l'énorme différence qui existe entre le caractère conscient et libre de l'esprit humain et l'inertie de la matière, et la difficulté de l'interprétation de leur concordance analogique.

Le même intervalle infranchissable qui sépare la matière de l'esprit humain et le même sens énigmatique qui rend si difficile l'appréciation de leurs réciproques analogies, reparaissent de l'homme à Dieu; ce qui le prouve, c'est l'incompréhensibilité des perfections illimitées de Dieu. Pour n'en citer qu'un exemple : qui peut comprendre l'éternité de Dieu, c'est-à-dire qui peut comprendre que quelque chose puisse exister sans avoir eu de commencement? Cependant, bien qu'il soit manifeste que toute chose procède d'un précédent, il s'ensuit inévitablement que de proche en proche, il faut remonter à un premier précédent qui, n'ayant point eu de précédent, est nécessairement sans commencement, c'est-à-dire éternel. Nier cette vérité incompréhensible, c'est se mettre dans la nécessité d'affirmer que l'univers est sorti du néant sans autre cause première que le néant, ce qui est tout aussi incompréhensible.

Il est à remarquer qu'en présence de ces deux hypothèses, également incompréhensibles, la foi spontanée, irréfléchie et purement instinctive, inhérente au cœur humain, s'est jusqu'ici prononcée persévéramment pour la première hypothèse, celle de l'éternité d'un Etre supérieur qui a précédé tout ce qui est et créé l'homme à son image et à sa ressemblance.

Dans cette importante question de l'éternité de Dieu, le principe intelligent subit une impression directement contraire à celle du sentiment. L'incompréhensibilité de l'absence de tout commencement effarouche l'intelligence qui, pour croire, veut d'abord comprendre, ce qui l'incite à nier le vrai incompréhensible, pour y substituer le faux, qu'elle s'efforce de rendre compréhensible à l'aide d'hypothèses plus ou moins invraisemblables et de raisonnements plus ou moins captieux.

Toutefois, signalons en passant ce point essentiel, c'est que la faillibilité du principe intellectuel semble devoir être préservée de toute chute irrémédiable par l'irrésistible besoin du cœur, du sentiment de croire, d'adhérer, d'aimer. Cette tendance bien qu'instinctive n'est cependant point infaillible, elle aussi, a besoin d'être surveillée et contrôlée, mais elle n'en est pas moins une tendance primitive, inaliénable, une sorte de boussole qui oriente et ramène sans cesse au vrai point de départ la logique intuitive de l'intelligence. En retour de cet éminent service, l'intelligence, désormais mieux renseignée, porte la lumière de sa dialectique dans la foi révélatrice, mais irréfléchie du sentiment et elle en détache les amplifications défectueuses que le sentiment est inhabile à discerner et à repousser.

Evidemment la création n'est point identique au créateur, puisqu'elle lui est restée complètement subordonnée, celui-ci a une puissance illimitée, celle-là est au contraire limitée en tout. Ce quelque chose de commun entre le Créateur et sa création n'est point de l'identité, c'est simplement de la ressemblance, de l'analogie. A côté de l'analogie, qui n'est point de l'identité, se place nécessairement ce qui est son contraire, c'est à-dire la dissemblance, l'opposition, d'où il suit que l'opposition est tellement connexe, compatible avec l'analogie que ces deux principes sont simultanés et solidairement unis.

L'opposition connexe, c'est-à-dire l'opposition d'un principe ayant de la compatibilité, de la connexion avec un principe qui est son contraire, est précisément ce que nous appelons dualité.

L'analogie et la dualité réciproquement opposées et connexes sont donc les deux grandes lignes qui ont présidé à la création, elles en sont les jalons irréductibles. Ce point de départ qui leur est commun, leur donne la valeur de deux principes fondamentaux, constants et universels, et leur confère une autorité considérable pour contrôler, contredire et affirmer tout ce qui peut être dit de l'esprit humain et de la matière.

C'est à la lumière du double contrôle de l'analogie et de la dualité que notre étude comparée des deux natures de l'homme, l'esprit et la matière, se propose d'arriver à saisir exactement le sens de la loi physique, afin de le comparer à celui de la loi morale et en tirer des notions pour vérifier les préceptes moraux, les rectifier s'il y a lieu et surtout leur donner cette précision mathématique qui leur manque, parce que s'adressant à l'esprit humain conscient, libre et faillible, la loi morale est exposée aux interprétations les plus diverses, tandis que la loi physique étant inconsciente et inerte est invariablement obéie par la matière, elle-même inconsciente et inerte, c'est-à-dire sans volonté.

Voici, dégagées de tout long commentaire, les analogies et les oppositions de l'esprit humain et de la matière que nous avons constatées.

Dieu et la création sont la grande synthèse dualiste qui résume tout ce qui est. Au-dessous, il y a la synthèse dualiste de la création, dont l'homme, esprit et matière, est la plus haute expression. Puis enfin la synthèse dualiste de la matière, également composée de deux termes : l'*atôme* ou mouvement simulant la vie spirituelle et la *substance* ou manière d'être saisie par les sens.

L'intelligence, le sentiment et le libre arbitre ou volonté consciente sont l'essence de l'esprit humain et le principe de sa vie et de son activité. La tendance de l'intelligence, c'est l'individualisme, celle du sentiment, c'est la philanthropie, quant au libre arbitre, principe agissant et conscient, sa fonction consiste à déterminer l'action et la bonne entente entre ces deux principes opposés et connexes, l'intelligence individualiste et le sentiment philantropique.

Contrairement à ce qui se passe dans l'esprit, la matière ne trouve point le principe de sa vie dans l'essence de sa nature qui est foncièrement ignorante, insensible et inerte, c'est-à-dire sans volonté et sans conscience : trois attributs qui sont autant de négations de l'être. Cependant la matière vit, puisqu'elle agit. Elle est en effet un composé de deux éléments, dont l'un est actif et l'autre passif. Ces deux éléments constitutifs de la matière sont l'atôme et la substance qui correspondent aux deux éléments constitutifs de l'homme, l'esprit humain et le corps matériel qui s'y adapte.

L'atôme, vie ou mouvement de la matière, est pourvu de trois forces purement physiques et inconscientes qui lui constituent une vie et une activité, non point identiques, mais analogues à celles de l'esprit. Ces forces sont :

1° Le froid, qui correspond à l'intelligence, c'est une force de concentration qui ramène à soi, ce qui est analogue à l'individualisme, sa direction est la ligne de pesanteur ;

2° Le chaud, qui correspond au sentiment, c'est une force de dilatation qui éloigne de soi, en répandant à l'extérieur, ce qui est analogue à la philanthropie, sa direction est la ligne de projection ;

3° La loi physique et inconsciente, qui tient lieu de la volonté absente, et impose irréductiblement, dans toutes les opérations de la matière, les rapports de ces forces opposées et connexes : le froid et le chaud, la concentration, ligne de pesanteur et la dilatation, ligne de projection.

Pour bien saisir l'analogie qui existe entre le froid et l'intelligence, le chaud et le sentiment, il faut considérer que c'est dans le calme, le froid de la méditation que l'intelligence se livre aux calculs prudents et intéressés de l'individualisme, tandis qu'au contraire, c'est de la chaleur du sentiment, du chaud de l'enthousiasme sympathique que surgissent spontanément et instinctivement les inspirations désintéressées et philanthropiques.

Ces deux principes, l'intelligence individualiste et le sentiment philanthropique, bien qu'ils soient opposés dans leur tendance et dans leur but, l'une se préoccupant de l'individu, l'autre du prochain, ont cependant une valeur équivalente et inaliénable, ils sont en outre connexes, compatibles, car ils s'appellent et se complètent réciproquement : l'intelligence individualiste poursuit la persistance de la vie individuelle, en tant qu'élément de la vie humanitaire, et le sentiment philanthropique, par ses préoccupations incessantes pour le prochain, ajoute au bienfait de la vie, l'amour et le dévouement qui en font le charme et la félicité.

De même que l'individualisme et la philanthropie sont deux principes opposés et connexes qui forment le fond des relations humaines, de même aussi la ligne de pesanteur créée par le froid de la concentration et la ligne de projection produite par le chaud de la dilatation sont les deux lignes opposées et connexes dont l'alternative, tant intérieure qu'extérieure, produit le double mouvement de rotation et de translation de la terre. Mais là ne se borne point l'utilité des lignes de pesanteur et de projection. Ces deux lignes sont encore les deux facteurs opposés et connexes de la mutation universelle de la matière. Le soleil au moyen de sa force d'attraction, de concentration et de pesanteur s'approprie les exhalaisons, les particules de substance qui s'échappent de la terre, il se les assimile, les convertit en sa propre substance et sous forme de lumière et de chaleur, les renvoie par voie de dilatation et de projection à la terre, qui à son tour les attire, et par sa force d'attraction, de concentration et de pesanteur se les assimile jusque dans son centre. Là se trouve un foyer de chaleur qui dilate et fait remonter en égale quantité d'anciennes particules de substance usées et détériorées pour être de nouveau absorbées et résorbées par le soleil. Ce même échange de substance se reproduit dans les plantes sous le nom de végétation et dans les corps animés, hommes et bêtes, sous le nom de nutrition.

L'échange des particules de substance appelé mutation, végétation et nutrition, c'est le transport de l'alimentation effectué par les lignes de projection et de pesanteur. L'alimentation est aussi indispensable à la vie de la matière qu'à celle de l'esprit. La ligne de projection et celle de pesanteur correspondent aux deux phases de l'alimentation : la résorption et l'absorption. Résorber équivaut à céder, donner ; absorber a le sens de recevoir. La mutation ou échange de substance peut donc être exprimé par donner et recevoir. Donner et recevoir s'appliquent avec une égale convenance aux actes de l'esprit et au grand fait de la mutation universelle de la matière. Il y a entre le fait de la matière, résorber et absorber, et le fait de l'esprit, donner et recevoir une analogie tellement évidente, qu'elle fait pressentir qu'une même loi régit les actes de la matière et les actes moraux de l'homme. Reste à vérifier si l'assimilation de la loi morale à la loi physique ne donne lieu à aucune réserve, à aucun renchérissement à l'avantage de l'esprit humain, en tant que nature opposée et supérieure à la nature de la matière.

Dans toutes les circonscriptions de la matière, la résorption est égale à l'absorption, c'est ce qui maintient la stabilité du volume de la terre, de celui du soleil et de celui de tous les objets matériels qui ont acquis leur plein développement: hommes, animaux et végétaux.

La résorption et l'absorption sont des principes opposés et connexes; puisque la résorption est faite en quantité égale à celle de l'absorption, on peut en inférer que le commandement perpétuel de la loi physique, c'est l'équilibre, c'est-à-dire l'équivalence de concours des principes opposés et connexes. La concentration, ligne de pesanteur et la dilatation, ligne de projection sont également des principes opposés et connexes, leur équilibre ou équivalence de concours dans le grand fait de la mutation universelle, de la nutrition et de la végétation aboutit donc à ce résultat : résorber autant qu'on absorbe, ou mieux encore *donner autant qu'on reçoit*. Par déduction analogique, donner autant qu'on reçoit serait aussi le commandement de la loi morale.

Mais le principe de l'analogie ne peut, à lui seul fournir tous les renseignements nécessaires pour bien juger s'il y a lieu ou non d'assimiler la loi morale à la loi physique. Le principe de l'analogie n'aperçoit qu'un côté des questions, et pour combler la lacune qu'elle est impuissante à faire disparaître, il faut le concours de son principe opposé et connexe. Le principe opposé et connexe de l'analogie, c'est la dualité. La dualité fait remarquer qu'entre l'esprit hmain et la matière, outre l'analogie de leurs facultés ou forces et tendances respectives, il existe aussi des dissemblances ou oppositions dans l'essence de leur nature respective: l'esprit humain est intelligent, sensible et conscient, tandis que la matière est ignorante, insensible et inconsciente. Toutefois, la supériorité de l'esprit humain sur la matière s'accommode également du commandement de la loi physique qui prescrit l'équilibre, c'est-à-dire l'équivalence de concours des principes opposés et connexes et conséquemment l'équilibre ou équivalence de concours des deux termes *donner et recevoir*, mais la dualité y met cette réserve que cette même équivalence de concours appliquée aux principes de l'ordre moral, arrivera à donner un résultat plus en harmonie avec le génie essentiellement initiateur et productif de l'esprit humain, de telle sorte que si la loi de la matière s'exprime par *Donner autant qu'on reçoit*, celle de l'esprit humain sera *Donner plus qu'on ne reçoit*.

Donner plus qu'on ne reçoit est une doctrine qui semble se rapprocher de celle qui prescrit l'abnégation et le renoncement, ce qui n'est pas, car dans leur point de départ, dans leur marche et dans leur résultat, ces deux doctrines diffèrent du tout au tout.

Dès le début, la doctrine du renoncement enlève à l'individu le mérite de ses bonnes œuvres, toutes attribuables à la grâce, et elle lui laisse l'humiliante responsabilité de ses œuvres mauvaises. Elle le dépouille de ses richesses et autres avantages sociaux, elle le cloître, elle l'isole, toutes choses qui le rendent impropre à s'utiliser pour ses semblables. Puis elle le couvre de cendres, et elle le macère, dernière période du sacrifice expiatoire offert par les âmes d'élite, pour leur propre salut, et pour celui des impénitents.

Voici en parallèle un extrait de notre dernier chapitre intitulé *Appendice*, qui résume rapidement la doctrine *Donner plus qu'on ne reçoit*.

La méthode analogique, en tenant compte de cette importante différence de l'esprit et de la matière, signalée par le principe dualiste, que l'un est conscient et l'autre inconsciente, conclut qu'il doit exister entre leur loi respective deux différences d'une grande valeur moralisatrice dont voici le résumé :

1º Pour l'esprit qui est conscient, la loi ne peut être que facultative, tandis que pour la matière inerte, c'est-à-dire sans conscience et partant sans volonté, la loi est fatale, irréductible. D'où il suit que l'homme est responsable de tous ses actes, bons ou mauvais, et qu'au contraire, dans toutes ses opérations, la matière est irresponsable.

2º La matière étant inconsciente, son activité est stationnaire et sa loi est de *donner autant qu'elle reçoit*. L'esprit, par cela même qu'il est conscient, a une activité progressive et novatrice qui, avec le temps, permet à chaque individu de produire plus qu'il ne consomme et par conséquent de réaliser des bénéfices. L'équilibre entre *Donner et recevoir* n'est plus à la hauteur de l'homme. Puisque l'homme produit plus qu'il ne consomme, il faut qu'il donne plus qu'il ne reçoit, il faut qu'il fasse deux parts dans ses bénéfices, dont l'une pour lui-même, et l'autre pour le prochain, la patrie, l'humanité.

Toujours en nous fondant sur l'observation du fait matériel, et en tenant compte des différences d'essence des causes, nous avons indiqué avec beaucoup de précision le moment où cette part de bénéfice doit être abandonnée à la société. Nous avons constaté que les corps organiques, végétaux compris, ne se mettent sur le pied de rendre à l'extérieur l'équivalent de ce qu'ils en reçoivent, que lorsqu'ils ont acquis tout le développement dont ils sont susceptibles. Déductivement, l'homme doit aussi pouvoir reculer le moment de verser dans la société la part de bénéfice qu'il lui doit moralement. Nous avons donc posé ce principe, en déduction de ce qui existe pour les corps organiques et les végétaux, que chaque individu a le droit de se préoccuper d'abord de lui-même et des siens, afin d'acquérir la plus grande somme possible de science et de prospérités mondaines et matérielles. Par là un double but est atteint : l'individu et les siens s'élèvent d'abord eux-mêmes en puissance, et se trouvent dans l'âge mûr, dans de bonnes conditions pour donner à la société plus qu'ils n'en reçoivent, sans cesser de progresser eux-mêmes et de concourir ainsi d'autant plus efficacement au développement de la puissance sociale. Cette théorie donne une égale satisfaction aux tendances opposées et connexes de l'esprit humain, l'individualisme et la philanthropie, et elle est en parfaite concordance avec le génie essentiellement producteur de l'individu et de l'humanité ; la ligne de conduite qu'elle trace est en effet celle qui peut le plus sûrement activer le progrès tant individuel que collectif.

Nous complétons cet aperçu de la doctrine *Donner plus qu'on ne reçoit*, par deux autres passages tirés d'un volume encore inédit (1).

1° Ce principe, que le dévouement pour le prochain, la patrie doit être subordonné au droit de l'individu de persis-

---

(1) *Marche progressive de l'individu et des sociétés humaines dans la moralité.*

ter et de progresser, est d'ailleurs sanctifié par les aspirations et le zèle à se mettre promptement en mesure de remplir le devoir de charité. La priorité du droit est accordée à l'individu en vue de le rendre plus apte à remplir le devoir de charité. Le droit, par le fait, est mis au service du devoir, le droit emmagasine ce que le devoir dissémine. Donc, à côté de la règle générale que l'individu, en temps ordinaire, doit d'abord se préférer au grand tout, se place avec beaucoup d'à propos ce qui fait exception à la règle, c'est-à-dire dans les cas urgents, le renoncement au droit de persister et de progresser, et le sacrifice volontaire et sans restriction de l'individu pour le prochain, la patrie, l'humanité . . . .
. . . .

2° Nous avons indiqué la tâche spéciale de chacune des trois époques de la vie individuelle, mais il faut sous-entendre qu'ici, comme partout ailleurs, les tâches spéciales sont reliées par des degrés intermédiaires et émancipateurs. Par suite, lorsque nous avons reconnu au jeune chef de famille le privilège de mettre d'abord au service de sa famille sa sollicitude, ses gains et ses prospérités, nous n'avons pas voulu dire qu'il ne doit se préoccuper de ses semblables et de la société que lorsqu'il aura assuré le sort des siens, mais seulement qu'à partir de ce moment, son dévouement à la chose publique doit prendre une importance bien supérieure à celle qu'il a pu lui donner jusque-là. Cette rigueur d'expression, que l'individu ne doit rien à la société tant qu'il ne s'est pas fait à lui-même et à sa famille une position sûre et prospère, est nécessaire pour définir nettement le principe; mais il est évident que même pendant la période précaire de l'individu, son droit, tout en se maintenant prédominant, doit cependant faire de fréquentes concessions au devoir, et même ce n'est qu'à cette condition que la prédominence du droit est légitime: *l'exclusivisme de tout principe ne doit jamais être poussé jusqu'à faire disparaître radicalement le principe opposé; l'exclusivisme ne doit jamais être qu'une plus forte dose de concours donnée momentanément par l'un des principes.*

Même réserve doit être faite pour la pétition du principe que l'homme arrivé à une position prospère ne doit à ses semblables et à la société que la moitié de ses gains subséquents, afin que sa propre progression puisse être poursuivie. Evidement la part de bénéfice équitablement due à la société peut être faite plus grande et même des circonstances pressantes peuvent imposer à l'individu ce renchérissement, comme un devoir dont il ne saurait se départir sans être accusé de défaillance morale.

Une loi morale absolue, c'est-à-dire une loi appropriée à tous les hommes, à tous les milieux et à tous les temps, ne peut évidemment statuer qu'un minimum de dévouement, et par là avec beaucoup d'opportunité, elle abandonne à l'initiative émancipatrice de l'esprit humain les espaces de l'infini, constamment sondés et limités par le principe intelligent qui, toujours met en parallèle les degrés de la série ascensionnelle des centres de l'activité humaine: l'individu, la famille, le lieu natal, le canton, le département, la patrie, le continent et de proche en proche tous les pays de notre planète, pour concilier ces divers centres dans l'intérêt bien compris de l'individu et de la collectivité des individus, sous le double point de vue du temps présent et du temps avenir.

La loi morale que nous avons essayé de formuler rigoureusement, ne va pas au-delà du strict devoir, du devoir qui est à la portée de tous, moyennant qu'il se rapporte à un centre en rapport avec les ressources dont on dispose et ce centre, pour les classes nécessiteuses, c'est la famille descendante et ascendante. Ce que le strict devoir demande là, ce n'est point une part du superflu, car il n'y en a point, le nécessaire, l'indispensable même, y fait souvent défaut. Ce que la loi morale exige dans ces milieux malheureux, c'est de renoncer à satisfaire des besoins factices, c'est de ne point s'abandonner aux habitudes vicieuses qui épuisent les ressources et enlèvent bien des heures au travail rémunérateur, c'est enfin de consacrer tout le salaire aux besoins de la famille dont on fait partie.

Au-dessus, c'est-à-dire dans la classe plus ou moins aisée et dans celle plus ou moins fortunée, les dépenses sont généralement calculées de manière à laisser de côté une réserve destinée à assurer la sécurité et le bien-être présent et avenir de la famille. Cependant, grâces aux progressives tendances sympathiques de notre époque pour les classes moins bien partagées, cette deuxième part n'est généralement pas à créer, elle ne demanderait qu'à être faite plus grande ! ! !

En résumé, le don gratuit et volontaire est moralement dû, mais absolument facultatif. La justice des hommes n'a rien à prescrire sur le terrain de la moralité qui se traduit par des dons gratuits faits aux sociétés privées, dont on fait soi-même bien souvent partie, et qui sont organisées pour venir en aide à de poignantes misères, pour édifier les institutions les plus propres à hâter le relèvement intellectuel des classes nécessiteuses et pour leur garantir plus de bien-être et de sécurité. Que chacun agisse donc librement dans la mesure de ses convictions et que ces convictions soient assez sérieusement méditées, pour qu'elles fassent prendre en très grande considération qu'en tout et partout une loi préside aux rapports qui s'établissent entre les parties de l'ensemble, du tout pour y déterminer l'accord, la bonne entente et l'accomplissement régulier de leurs fins individuelles et collectives et que déductivement, les infractions à la loi morale qui règle les rapports mutuels des hommes, ne peuvent manquer d'être, pour celui qui s'en rend coupable et par contre-coup pour la société, une occasion de discordes, de peines et de souffrances : entre l'infraction et la souffrance qui en résulte, il existe, n'en doutons point, les rapports rigoureux de cause à effet.

Dans la doctrine *Donner plus qu'on ne reçoit*, que nous opposons à la doctrine du renoncement, il y a entente cordiale, conciliation entre l'intelligence et le sentiment, c'est pourquoi le sacrifice volontaire y est ramené dans des limites équitables pour l'individu, pour le prochain, pour la patrie. L'intelligence, principe excellemment calculateur et individualiste exige pour l'individu la priorité du droit et le sentiment y met cette réserve qu'à un moment donné, l'individu versera une part de ses bénéfices pour le service du prochain, de la société. Désormais, aux préoccupations personnelles, s'ajoutent les préoccupations sympathiques pour le prochain, la patrie, l'humanité ; l'activité s'en trouve plus que doublée, car les tendances sympathiques ont une force d'impulsion bien supérieure à celle que peuvent produire les tendances individualistes, personnelles. Au contact de ces généreux élans, l'épargne, qui tient le milieu entre la prodigalité et l'avarice, s'exalte à son tour et s'affermit. Modeste dans son allure, mais puissante dans ses résultats moralisateurs et pécuniaires, l'épargne combat persévéramment l'imprévoyance, les passions dissipatrices et déréglées, elle réprime le luxe effréné et elle retranche du confort la surcharge des superfluités fastueuses et intempestives en présence des privations navrantes qui sont le lot d'un si grand nombre.

La doctrine du renoncement est au contraire une dérogation à la loi de l'équilibre qui veut que tous les actes de l'homme et toutes les opérations de la matière soient le résultat du concours équivalent des principes opposés et connexes, afin que se limitant réciproquement, ces principes se préservent mutuellement d'une extension illimitée, toujours subversive et en dernière fin anéantissante. Suivie par tous les hommes, la doctrine du renoncement conduirait l'humanité à la bestialité.

Les résultats subversifs du renoncement sont dus à l'exclusivisme qui en repoussant toutes les considérations individualistes, personnelles, abandonne tout le terrain à la spontanéité sympathique et irréfléchie du sentiment, instinctivement prédisposé, par amour pour Dieu et pour les hommes, à tout céder, à se dépouiller sans règle et sans mesure pour arriver aux ineffables joies du sacrifice volontaire. Toutefois, il ressort de ces manifestations extrêmes du sentiment que le besoin d'aimer et de se dévouer est instinctif chez l'homme, que l'aspiration aux saintes joies du sacrifice volontaire, s'échappe également des profondeurs de l'âme et que ce sont là des indices certains que les joies sereines et confortantes attachées au sacrifice volontaire sont, déjà sur cette terre, l'idéal de la félicité des instincts supérieurs, opposé aux satisfactions sordides et égoïstes des instincts matériels.

Mais il n'a pas été donné au sentiment seul de diriger les actes des hommes. Le sentiment est sous la puissance de cette condition universelle d'existence, que tout principe correspond à un principe opposé et connexe, qui vient lui mesurer l'espace et l'empêcher de prendre une extension illimitée et par cela même toujours subversive. Le principe opposé et connexe du sentiment, c'est l'intelligence. A l'opposé du sentiment qui ne se préoccupe que du prochain et du milieu, l'intelligence patronne l'individu dont il favorise la vie et la prospérité. Cependant l'intelligence, excellemment clairvoyante, apprécie promptement tout le bénéfice que peut valoir à l'individu l'amélioration du prochain et du milieu, ce qui l'incline à accorder sa sanction aux tendances philanthropiques du sentiment, et par réciprocité elle obtient le privilège d'en diriger la marche. Pour le plus grand bien de l'individu et du prochain, l'intelligence recule l'exercice de la philanthropie jusqu'au moment où l'individu soit pourvu de suffisantes ressources et qu'il ait acquis l'expérience pratique des difficultés de la vie, afin que la tâche du dévouement patriotique s'accomplisse avec toute la puissance d'action et toute la circonspection désirables.

Donner plus qu'on ne reçoit est bien la loi suprême des relations humaines. Celui-là même qui l'a édifiée dès les premiers temps l'a gravée sous forme d'instincts dans le cœur humain et pour en faciliter l'accomplissement, il a dévolu à l'humanité la dose d'intelligence nécessaire pour que tout homme de bonne volonté fût apte à produire plus qu'il ne consomme, afin qu'il pût donner plus qu'il ne reçoit, sans encourir pour lui-même de regrettables préjudices.

La tendance spontanément sympathique et libérale du cœur et l'aptitude, de tout homme qui s'y applique, à produire plus qu'il ne consomme, sont en parfaite correspondance avec la loi morale résumée dans ce précepte transcendant, *Donner plus qu'on ne reçoit.*

Pour obéir à cette loi d'institution divine, le moyen vraiment pratique, c'est le travail qui fait acquérir science, richesses, pouvoir et influence. Puis le sacrifice, ou don volontaire et limité, tel que nous l'avons dépeint, aussi distant de l'égoïsme que du renoncement, par suite des concessions réciproques et équivalentes que l'intelligence et le sentiment imposent à leurs tendances respectives, l'individualisme et la philanthropie.

CHAPITRE II.

Définition de la loi en général et du but spécial de la loi morale. Étude comparée de l'esprit et de la matière. La matière est inerte, c'est-à-dire sans volonté, sans conscience, et son activité est stationnaire ; l'esprit est doué de la faculté d'être conscient et de vouloir, et son activité est progressive et novatrice. Ce qu'il faut entendre par *Inertie* résumé en cinq points. Exposé de la méthode analogique ou méthode pour étudier les analogies. L'inertie de la matière prouve l'existence de Dieu et elle fait supposer que Dieu, esprit supérieur, est le créateur de la matière et conséquemment qu'il existe quelque analogie entre l'esprit et la matière. Universalité du principe de la dualité signifiant opposition connexe. L'esprit supérieur et la création sont la grande synthèse dualiste de tout ce qui est ; au-dessous, il y a la synthèse dualiste de la création dont l'homme, âme et corps, est la plus haute expression ; puis enfin la matière, synthèse dualiste infime également formée de deux natures opposées : l'atome et la substance. Opposition connexe, équivalence, solidarité et indivisibilité des facultés de l'esprit. Unité dualiste de l'esprit. L'essence de l'esprit humain est intelligence, sentiment et volonté consciente ou libre arbitre ; l'essence de la matière est l'opposé, c'est l'ignorantisme, l'insensibilité et l'inertie ou absence de volonté et de conscience. L'activité morale de l'esprit humain se manifeste sous deux formes opposées, l'individualisme et la philanthropie ; l'activité de la matière affecte également deux formes opposées qui ont de l'analogie avec l'individualisme et la philanthropie; c'est la force de concentration ou de pesanteur et celle de dilatation ou de projection. D'où il suit que les oppositions de l'esprit et de la matière se rapportent à leur nature intime et leurs analogies à leurs tendances et au mode de leur activité.

La loi est la règle des rapports à établir entre les parties d'un tout pour y faire régner l'harmonie. Lorsque la loi se rapporte à l'ordre matériel, elle prend le nom de *loi physique*.

Lorsque dans l'ordre spirituel, elle s'applique spécialement aux relations mutuelles des hommes, nous l'appelons *loi morale*.

Ce que la *loi morale* veut réaliser dans le for intérieur des individus et dans les sociétés humaines, c'est la conciliation harmonique de l'amour de soi et de l'amour pour le prochain, d'où il suit que la *loi morale* est la *loi de l'amour*.

Puisque la loi produit l'harmonie, elle doit, pour celui qui la connaît, avoir des attraits qui la lui font aimer et pratiquer avec entrain : connaître la loi prédispose nécessairement à s'y conformer. Mais l'homme ne peut prendre directement connaissance de la loi, car la loi n'est point en lui, elle est hors de lui. L'homme ne possède que des facultés corrélatives à la loi. L'aptitude des facultés de l'homme à accomplir les prescriptions de la loi est ce qui sanctionne la loi. Toute loi qui ne comporte point ce critérium n'est point appropriée à l'homme, et comme telle, elle ne saurait être qu'illusoire et illégitime.

La corrélation ou connexion nécessaire qui subsiste entre la loi et les facultés de l'homme, fait que la connaissance de l'homme peut servir d'introduction à la connaissance de sa loi. L'homme qui s'étudie tire de ce qu'il aperçoit en lui des inductions qui le mettent sur la trace de sa loi.

Nous étudierons donc l'homme pour saisir en lui des données qui nous aident à formuler sa loi, dont les *à priori* seront vérifiés et confirmés par la réciproque concordance de la loi présumée et de l'aptitude de l'homme à être régi par elle.

L'inclination de l'homme à croire qu'il y a analogie entre les choses de l'esprit et celles de la matière, fournit encore un autre moyen pour vérifier la loi morale déduite de l'étude de l'âme. Ce moyen, c'est de mettre en regard de l'étude de l'âme l'étude de la matière, et d'arriver, par une comparaison méthodique et rigoureuse, à constater qu'il y a similitude entre la loi morale présumée et la loi physique. La constatation de cette similitude étant obtenue devient, pour la loi morale déduite de l'étude de l'âme, une confirmation irrécusable qui donne satisfaction à toutes les exigences des esprits que la faillibilité intellectuelle humaine, et les fréquentes erreurs commises, rendent défiants jusqu'à n'accorder créance aux solutions, que lorsque l'épreuve est confirmée par la contre-épreuve, l'analyse par la synthèse, le fait spirituel par le fait matériel.

Pour l'étude comparée des deux natures de l'homme, il n'y a pas lieu de s'occuper de la physiologie du corps humain, car le point de vue à embrasser, c'est la physiologie de la matière considérée dans sa généralité. Il suffit de prendre une vue d'ensemble des caractères d'essence de la matière, de ses facultés ou forces, et du mode d'activité de ses facultés ou forces, afin de les comparer aux caractères d'essence de l'esprit, aux facultés ou forces de l'esprit et au mode d'activité des facultés ou forces de l'esprit. Cela fait, il devient facile de constater la similitude de la loi physique et de la loi morale présumée, similitude à laquelle peuvent s'adapter, et s'adaptent en effet, deux différences occasionnées par la différence ou l'opposition des caractères d'essence de l'esprit et de la matière.

Ces trois points de vue généraux : Caractères d'essence, facultés ou forces, mode d'activité, sont donc les seuls que nous envisagerons dans notre étude comparée des deux natures de l'homme, l'esprit et la matière. Nous débutons dans cette étude par la définition de l'inertie.

L'*inertie* est ce qu'il y a de plus caractéristique dans la matière, et en même temps ce qui la différencie le plus profondément de l'âme, qui, contrairement à la matière, est douée de la faculté de vouloir, d'émettre des volontés.

Pour comprendre ce que c'est que l'inertie, ce qui l'occasionne et ce qui en résulte, il faut observer, dans l'esprit, la marche des faits psychologiques qui s'y produisent, puis comparer cette marche à celle qui suit la matière dans ses opérations.

L'objet de toute connaissance est, par rapport à l'esprit, un objet extérieur. La connaissance est, au contraire, un fait intime qui ne relève que de l'esprit. L'esprit mis en présence d'un objet extérieur, tant spirituel que matériel, prend connaissance de cet objet. La connaissance que l'esprit prend d'un objet extérieur peut donner lieu à deux résultats différents. L'esprit juge que l'objet dont il prend connaissance est faux et pernicieux, et il ne s'en laisse influencer d'aucune manière, ou il le juge vrai et bienfaisant, et il se complaît à y puiser des inspirations. L'esprit s'assimile alors, non cet objet, mais la connaissance de cet objet, et cette connaissance ajoute à l'esprit de l'étendue et de l'élévation. L'objet et les circonstances qui ont mis l'objet en relief peuvent disparaître, mais la connaissance et la plus value produite par la connaissance restent acquises à l'esprit. Son activité s'en trouve modifiée d'une manière durable, ainsi que les produits de cette activité ou actes intellectuels et moraux, lesquels alors se modifient et se rapprochent de plus en plus de la perfection. Pour l'esprit, les influences extérieures ne sont jamais fatales, irrémissibles, elles sont subordonnées par le fait de la connaissance et de la conscience à la volonté. L'esprit, à son gré, résiste aux influences ou il les accepte. Dans ce dernier cas, il se modifie en bien ou en mal, et modifie proportionnellement dans le même sens son activité et ses actes. Cette triple modification est le produit direct, non de l'objet de la connaissance, mais bien celui de la connaissance, ou plutôt celui de l'esprit en possession de cette nouvelle connaissance. L'emploi que l'esprit fait de sa faculté de connaître pour acquérir des connaissances, et les inspirations qu'il puise dans les connaissances qu'il a acquises, voilà le principe du perfectionnement de l'esprit et celui du perfectionnement de son activité et des actes ou produits de cette activité.

Voyons maintenant ce qui se passe dans la matière.

De prime abord, l'inertie attribuée unanimement à la matière semble être le synonyme de l'inactivité, ce qui n'est pas. La matière est inerte, néanmoins il est manifeste qu'elle travaille et qu'elle a une activité qui lui est particulière. Mais contrairement à ce qui se passe dans l'esprit, la matière par elle-même ne peut modifier ni son activité, ni ses produits. Toute modification apportée à l'activité et aux produits de la matière, dans chacune de ses circonscriptions, est le fait exclusif et direct d'une cause extérieure. Ce qui le prouve, c'est que si la cause extérieure vient à disparaître, la matière, un moment modifiée dans son activité et dans ses produits par cette cause extérieure, reprend spontanément le mode d'activité qui lui est propre et ramène ses produits à leur primitive expression. Le chimiste qui n'obtient pas les effets prévus, ne l'attribue jamais qu'à une cause étrangère qu'il lui suffit d'écarter pour conduire son opération à la fin voulue. L'horticulteur et l'éleveur savent aussi que c'est à leurs soins intelligents et persévérants qu'ils doivent leurs excellents produits, et que ces mêmes produits tombant en des mains moins actives, ou livrés à eux-mêmes, dégénéreraient promptement.

L'esprit gagnant en étendue et en élévation par le fait de la connaissance qu'il prend progressivement de toutes choses, trouve dans son propre fonds, c'est-à-dire dans les connaissances acquises et identifiées en lui, le principe d'une activité spontanément progressive et novatrice. Cette activité spontanément progressive et novatrice de l'esprit est juste le contraire de l'inertie qui implique, non l'inactivité, mais la stabilité, l'invariabilité de l'activité spontanée de la matière.

C'est parce qu'il est conscient de lui-même et de l'objet avec lequel il s'est mis en contact au moyen de la compréhension que l'esprit influencé par un objet extérieur persiste, même en l'absence de cet objet, dans l'inspiration dont la connaissance de cet objet a été l'occasion.

La matière n'ayant conscience ni d'elle-même, ni des causes qui agissent sur elle ne saurait, ainsi que l'esprit le fait, s'assimiler définitivement la modification qu'elle subit des causes fortuites et extérieures. Ces causes, en disparaissant, entraînent forcément la cessation de la modification qu'elles ont apportée à l'activité de la matière et aux produits de cette activité. Ce qui persiste dans la matière livrée à elle-même, c'est l'impulsion qui lui a été imprimée dès son origine par une force distincte d'elle, toujours présente et immuable,

Il résulte de ce qui précède que l'inertie de la matière ne signifie ni activité, ni absence de spontanéité. La matière est inerte et néanmoins active et spontanée dans son activité. Il faut accorder ceci à la matière que dans toutes ses catégories, lorsque son activité a été modifiée par quelque cause étrangère, et que cette cause étrangère vient à disparaître, la matière délivrée de l'obstacle qui gênait et modifiait son activité reprend spontanément, quoique inerte, et précisément parce qu'elle est inerte, le mode d'activité qui lui est propre et qu'une puissante main lui a imprimé dès l'origine des temps.

Ce qu'il faut entendre par le mot inertie, c'est donc :

1° La propriété de la matière à persister, sans aucune variation, dans le mode d'activité et l'espèce de produits particuliers à chacune de ses circonscriptions, tant qu'aucune cause extérieure n'y fait obstacle ;

2° Sa docilité à se laisser influencer par des causes extérieures qui, en raison de cette docilité, modifient son activité et ses produits ;

3° Son aptitude à rétablir spontanément dans leurs attributions primitives son activité et ses produits, au fur à mesure que la cause extérieure qui les a modifiés vient à disparaître ;

4° Sa radicale incapacité à s'imprimer à elle-même une impulsion autre que celle qui lui a été primitivement dévolue;

5° L'inertie n'implique ni l'immobilité, ni le mouvement, *elle implique seulement le fait de l'absence de la volonté consciente.*

L'inertie de la matière est chose vérifiable. L'*inertie* ou *absence de volonté* condamne la matière, dans chacune de ses circonscriptions à procéder toujours de la même manière et à donner constamment des produits uniformes : Néanmoins la manière de procéder et les produits dans toutes les catégories de l'ordre matériel sont sujets à varier. Ces variations ont une cause. Il y a deux sortes de causes : la volonté consciente ou cause intérieure et les circonstances ou causes extérieures.

Lorsque la matière varie dans sa manière de procéder et dans ses produits, on en recherche la cause. Si les circonstances ou causes extérieures ne justifiaient pas pleinement les variations, on serait obligé de supposer que la matière a une volonté qui intervient et qui produit, en s'imposant, les variations constatées. Mais ce qui arrive toujours, c'est que les causes extérieures justifient toutes les variations, et qu'elles ne laissent aucune lacune qui oblige de remonter à la cause intérieure que nous appelons volonté consciente. C'est parce que les causes extérieures expliquent tout dans les variations qui surviennent dans l'activité et les produits des diverses catégories de la matière, que l'on dit que la matière est inerte, c'est-à-dire sans volonté et partant sans conscience : nous démontrerons subséquemment que ces deux termes, volonté et conscience, sont inséparables.

Chez l'homme, les circonstances extérieures n'expliquent pas tout. Constamment nous voyons des hommes appartenant au même milieu et entourés de circonstances à peu de chose près identiques, agir néanmoins dans les sens les plus opposés. Les uns usent des circonstances heureuses pour pratiquer le bien sur une plus grande échelle, les autres pour s'adonner à leurs ignobles penchants. Celui-ci reste sans force et sans ressort sous le coup des revers, celui-là y puise une nouvelle énergie qui lui fait surmonter la mauvaise fortune.

C'est parce que les circonstances extérieures n'expliquent pas tout dans les actes de l'homme, qu'il y a lieu d'attribuer à l'homme un principe conscient et voulant qui délibère sur les causes extérieures avec lesquelles il se met en contact et qui en tire le parti le mieux approprié à sa manière d'être : pour le mal, si sa manière d'être est malfaisante ; pour le bien, si elle est bienfaisante.

L'inertie s'allie avec une si parfaite convenance avec ce que l'on peut appeler l'activité ou la vie de la matière dont les principales manifestations sont la formation et la désagrégation des diverses parties de la matière, qu'elle est la garantie même de l'invariabilité de ces manifestations. En dehors de ce que l'on peut appeler l'activité ou la vie matérielle, la matière abandonnée à elle-même est condamnée par son inertie à l'immobilité. Ce qui le prouve, c'est que tout corps inorganique bois, fer, etc., n'entre en mouvement que mû par une cause extérieure et qu'il retombe dans l'immobilité, lorsque la cause extérieure qui lui a imprimé le mouvement vient à disparaître. Cela est si vrai que c'est sur ce fondement que repose la mécanique.

Si nous voyons les astres persister dans le mouvement que l'esprit supérieur leur a imprimé, c'est parce que la cause, l'esprit qui leur a donné l'impulsion, est tout-puissant et éternellement présent. Si, par impossible, Dieu venait à disparaître, les astres s'arrêteraient aussitôt et rentreraient dans le néant. Dieu étant souverainement puissant et présent partout, sa force a une portée illimitée et éternelle, et le mouvement qu'il communique ne prend point de fin. Il n'en est pas de même de l'homme. Tout ce qu'il ébranle, tout ce qu'il met en mouvement retourne bientôt au repos. C'est que l'homme, être contingent et limité, ne peut produire qu'une force également contingente et limitée. Il n'est donc point exact de dire qu'une boule lancée par une main d'homme roulerait sans s'arrêter jamais, si l'air et le frottement ne lui faisaient obstacle. Ces deux obstacles enlevés, la boule, il est vrai, roulerait plus longtemps, mais non éternellement. Il est évident qu'elle ne peut persister dans le mouvement que dans la mesure de la force déployée. Lorsque la force dépensée par l'homme pour lancer la dite boule a produit tout le mouvement qu'il lui était donné de réaliser, cette force est épuisée et dès lors, elle est sans influence sur la boule. Cette boule, étant de l'ordre matériel et conséquemment inerte, ne saurait continuer à voyager, lorsque la force qui l'a mise en mouvement n'agit plus sur elle, nécessairement elle s'immobilise. C'est une conséquence indubitable de l'inertie *de faire rentrer dans l'immobilité tout corps inorganique, dès que la cause qui lui a communiqué* un mouvement en dehors de ses attributions innées *vient à s'épuiser ou à disparaître.*

Pour faciliter la démonstration des caractères de l'inertie, nous avons comparé l'esprit et la matière. Nous avons indiqué les ressemblances ou analogies et les différences ou oppositions qui subsistent entre eux, et nous en avons conclu que l'esprit étant conscient a une activité novatrice et progressive, tandis que la matière qui est inconsciente n'a qu'une activité stationnaire. Ce procédé de vérification est dû au concours simultané de l'analogie et de la dualité, nous l'appelons méthode analogique. Nous recourrons fréquemment à cette méthode pour tirer nos conclusions, il importe donc d'en exposer la théorie telle que nous la concevons. C'est ce que nous ferons le plus succinctement possible.

La méthode analogique compare deux objets qu'elle considère comme des causes. Elle observe le côté par lequel ces deux objets ou causes se ressemblent, celui par lequel ils diffèrent, et de là elle conclut à la ressemblance ou à la différence des effets respectifs de chacun de ces deux objets ou causes.

Les rapports entre deux objets ou causes peuvent être exprimés de trois manières :

1° Les objets que l'on compare peuvent être sous tous les rapports exactement semblables. Les objets ou causes identiques sous tous les rapports produisent des effets pareillement identiques ;

2° D'autres fois les objets comparés sont de même nature, mais chacun d'eux représente un degré différent d'une même circonscription.

Dans ce cas la méthode analogique conclut du simple, c'est-à-dire de l'élément au composé et *vice versa*, ce qui est rationnel. Dans toute circonscription, le composé est formé du simple, de l'élément. Le composé c'est la réunion de plusieurs éléments, tout ce qui est dans l'élément se retrouve donc dans le composé. La nature du simple et celle du composé sont identiquement la même, mais le simple et le composé sont, l'un petit, l'autre grand, ils diffèrent conséquemment sous le rapport de l'étendue. Leurs effets sont les mêmes quant à la forme, mais ils diffèrent quant à l'étendue ;

3° Enfin les objets ou causes que l'on compare peuvent être de deux natures différentes et présenter dans leurs tendances et leurs manifestations extérieures des analogies frappantes, ce qui induit à supposer que les effets produits par les objets ou causes comparés sont, non-seulement analogues, mais encore que dans aucune des deux circonscriptions rien ne s'ajoute par surcroît aux effets. L'on conçoit cependant que lorsque deux objets comparés sont de deux natures différentes, l'une de ces natures renferme nécessairement des caractères dont l'autre nature est privée, et que c'est là ce qui constitue leur différence. L'objet appartenant à la nature la plus riche doit nécessairement voir ses effets augmentés de quelque caractère qui ne trouve point d'analogue dans les effets de l'autre objet moins bien doté. Citons en un exemple : entre l'esprit et les actes de l'esprit, entre la matière et les actes ou opérations de la matière, il y a les rapports de cause à effet. Dans la comparaison que nous avons établie (page 40) entre la marche des actes ou opérations de l'esprit et celle des actes ou opérations de la matière, nous avons suivi à la lettre la méthode analogique, ce qui nous a fait tenir bon compte de la différence de nature des deux causes, esprit et matière. Nous avons reconnu que l'esprit est conscient et que la conscience est un moyen d'innover, de progresser et de réaliser des produits ou actes se rapprochant de plus en plus de la perfection. Puis cette faculté d'innover, de progresser, nous l'avons déniée à la matière, à l'activité de la matière et aux produits de cette activité, parce que nous ralliant à l'opinion générale, que nous avons encore confirmée par un raisonnement fondé sur l'observation directe de ce qui se passe dans l'esprit et dans la matière, nous avons admis que la matière ne possède pas la faculté consciente, c'est-à-dire la faculté qui donne le pouvoir d'innover, de progresser. C'est parce que nous avons tenu compte de cette différence essentielle qui existe entre la nature de l'esprit et la nature de la matière que nous sommes arrivé à cette conclusion importante que l'esprit étant conscient a une activité susceptible de progresser et d'innover, et que la matière étant inconsciente ne peut avoir *par elle-même* qu'une activité stationnaire.

Du moment que l'on admet que la matière est radicalement incapable d'innover et de modifier elle-même son activité, il faut admettre également qu'elle n'a pu s'inoculer elle-même son activité. Si la matière s'était inoculé la première impulsion, elle aurait innové, et cette faculté d'innover lui serait restée. Par cela même que la matière est inerte, c'est-à-dire sans volonté et sans conscience, elle est privée de la faculté d'innover. De là la nécessité de croire à une force distincte de la matière, à l'esprit souverainement conscient, puissant à créer la matière, à s'imposer à elle, à la dominer et à lui infuser l'activité que nous lui connaissons.

Il est logique de supposer que ce qui vient d'être dit de la cause première de l'activité de la matière, doit s'appliquer également à toutes les autres manières d'être matérielles afférentes à la matière ; c'est-à-dire qu'aussi longtemps qu'une force distincte de la matière n'a point inculqué à celle-ci quelques attributs ou manières d'être tels que la couleur, la forme, la saveur, etc., la matière, par cela même qu'elle est inerte, c'est-à-dire sans volonté et incapable de s'imposer à elle-même une innovation quelconque, est restée privée de ces attributs, de ces manières d'être. La matière ainsi privée de tout attribut, de toute manière d'être, n'existe plus pour nous, les attributs et les manières d'être de la matière étant précisément ce qui nous permet d'en percevoir la présence. La matière, par le fait de sa radicale incompétence à être quelque chose par elle-même, gisait donc latente, impalpable et à l'état d'idée dans le sein de Dieu, jusqu'au moment où Dieu lui donna vie et en forma l'univers.

La création de l'univers est une œuvre de fécondation qui révèle la pente de l'esprit souverain à se répandre dans l'immensité. L'harmonie et la diversité infinie de cette création manifestent la puissance de l'intelligence suprême qui divisa, rapprocha et diversifia à l'infini la matière naissante et en tira les règnes de la nature.

Dieu sortant du néant la matière inerte et complètement subordonnée à sa volonté, a dû lui inculquer quelque chose de sa manière d'être: toute force s'imposant à un objet qui lui est complètement subordonné, ne saurait en effet, manquer de lui imprimer ses propres tendances.

L'inertie de la matière, c'est-à-dire la docilité de la matière à s'imprégner de toutes les influences extérieures et à y persister tant que la cause influençante ne s'écarte, ni ne dévie, la rendait admirablement propre à recevoir et à conserver l'empreinte des caractères divins et immuables de l'esprit supérieur sous l'influence duquel, elle naissait et se développait. Nous sommes donc fondé à penser que toutes les créations sont marquées du sceau divin, que toutes reproduisent symboliquement un plus ou moins grand nombre des caractères subsistant dans l'Être supérieur qui les a faites ce qu'elles sont. Conséquemment, tout caractère et toute loi que l'observation et l'expérience font découvrir dans la matière, sont la reproduction d'un caractère et d'une loi analogues subsistant dans l'esprit, Il s'ensuit que la comparaison réciproque de ce qui se passe dans l'esprit et dans la matière, est un excellent moyen de contrôle pour toutes les propositions que l'on peut émettre de l'une ou de l'autre de ces deux natures, sous réserve toutefois que l'on observe ponctuellement dans les comparaisons que l'on établit entre ces deux natures, les règles prescrites par la méthode analogique (Page 49). Nous y ajoutons encore les considérations et restrictions suivantes :

Il serait maladroit et souvent irrévérencieux

d'entreprendre une comparaison rigoureuse des caractères analogues subsistant dans l'esprit supérieur et les créations matérielles, la distance qui les sépare est par trop grande : l'esprit supérieur, Dieu est seul nécessaire, illimité et immuable, tandis que ce qui est de l'ordre matériel est contingent, limité et transformable. Un terme moyen est nécessaire pour poursuivre nos démonstrations. Il est fourni par l'homme qui a le privilège d'être pourvu d'un esprit fait à l'image et à la ressemblance de Dieu. Mais comme la matière, l'esprit de l'homme est contingent, limité, non transformable cependant, mais perfectible, c'est-à-dire capable de progresser et de s'élever en puissance. Le côté imparfait commun à l'esprit humain et à la matière, rend entre eux les rapprochements plus faciles et plus nombreux. En outre, ils sont plus à notre portée. L'esprit de l'homme et les créations matérielles sont pour nous du domaine de l'observation directe, tandis que, au contraire, nous ne pouvons préjuger de Dieu que par des inductions tirées de la connaissance plus ou moins correcte que nous avons de ses œuvres. Dans les nombreux rapprochements que nous ferons de l'esprit et de la matière, de leurs parties constitutives et de leur activité pour en signaler les analogies, les oppositions et la loi, nous prendrons donc, dans les propositions tant générales que particulières, pour termes de comparaison, l'esprit humain et la matière. Quant à l'Esprit supérieur, en raison de sa perfection, nous ne pouvons l'évoquer avec à-propos et convenance que lorsqu'il s'agit des caractères les plus généraux et les plus élevés.

Le terrain que nous abordons est difficile et travaillé de tant de controverses que nous ne saurions trop nous prémunir contre les mirages captieux que nous pouvons y rencontrer. Le principe de l'analogie prenant son point de départ dans une connaissance intime de l'esprit humain, est déjà un moyen d'introduction et de déductions hypothétiques de bon aloi. Toutefois l'analogie ne peut tenir lieu de tout. Elle n'offre même qu'une demi-certitude, car bien des fois déjà elle s'est prêtée complaisamment aux erreurs les plus subversives. Les déductions hypothétiques obtenues au moyen de l'analogie ont besoin, pour mériter créance, d'être contrôlées et confirmées par quelque autre principe de fond constant et universel, sur lequel on ne puisse élever aucun doute. Nous croyons avoir trouvé ce principe et nous nous attacherons constamment à le mettre en lumière par la citation de nombreux exemples qui, en en prouvant la justesse et l'universalité, nous permettront de le faire servir d'assise à nos propositions et de critérium rigoureux et irréfragable dans les questions que nous tentons de résoudre. — Ce principe, c'est *la dualité ou apposition connexe des principes.*

En déduction de la dualité et de son universalité, tout ce qui est, implique nécessairement l'existence de quelque autre objet qui lui est directement opposé. Le sens qu'il faut donner à l'opposition dont nous parlons ici, n'est point celui d'hostilité, ni celui d'incompatibilité. Deux objets ou principes opposés, ce sont deux objets ou principes dotés d'attributions directement opposées, mais compatibles et connexes. Tels sont : le contenant et le contenu, le chaud et le froid, le grand et le petit, l'esprit et la matière, la volonté et l'inertie, etc. Par cela même que deux objets ou principes sont opposés, ils s'appellent et se complètent réciproquement. Ce qui manque à l'un des deux principes se trouve dans l'autre, de sorte que l'homme qui, par insuffisance, n'apercevrait d'abord que l'un des deux objets qui se font opposition, est irrésistiblement amené par la concordance nécessaire qui subsiste entre eux, à découvrir progressivement et véridiquement celui des deux objets qu'il n'a pas de suite aperçu, ou qu'il aurait mal appréhendé. Ce résultat s'obtient en attribuant au sujet inconnu des caractères opposés à ceux du sujet connu et ayant avec eux de la connexion, de la compatibilité.

La dualité ou opposition connexe qui subsiste entre deux objets ou deux principes est la première condition de l'affinité qui les relie et qui en fait un tout harmonieux. La deuxième et non moins indispensable condition de l'affinité, c'est l'équivalence des deux objets ou principes opposés. L'opposition connexe détermine l'affinité, l'équivalence des deux termes de l'opposition connexe affermit l'affinité et la fait persister. L'opposition connexe et l'équivalence sont les deux éléments de l'affinité réciproque des principes connexes ou corrélatifs et la cause déterminante de l'équilibre qui est la condition de l'harmonie et de l'existence simultanée des deux principes qui se font opposition.

La dualité des principes que nous dépeignons ici, n'est point la dualité du bien et du mal, mais celle des principes opposés, équivalents, également nécessaires et toujours conciliables. Chacun des deux principes corrélatifs considéré à part et dans le sens absolu, n'est ni le bien, ni le mal. Ce qui est le bien, c'est l'équilibre des principes opposés ; le mal, c'est le contraire, c'est la violation de l'équilibre, c'est-à-dire le développement désordonné de l'un des deux principes au détriment de l'autre. La rupture de l'équilibre est un principe de désorganisation, de décadence et de ruine que le rétablissement de l'équilibre peut seul conjurer.

Il y a plus que de la conciliabilité entre deux principes qui se font opposition. Pour chacun d'eux, la condition d'existence est l'existence même du principe qui lui fait opposition. Choisissons un des exemples les plus faciles à démontrer, par exemple *le grand et le petit*. Voilà deux termes diamétralement opposés. Ils s'appellent néanmoins réciproquement et irrésistiblement, car l'un et l'autre ne subsistent que par la comparaison qu'on établit entre eux. Supprimez soit le grand, soit le petit, il n'y aura plus ni grand, ni petit. Ce qui est grand n'est tel que par rapport à ce qui est moindre; il est petit, si on lui oppose quelque chose qui le surpasse en grandeur. Le grand et le petit subsistent donc nécessairement à côté l'un et l'autre. Ou plutôt ces deux principes opposés, le grand et le petit, ne sont qu'un seul et même principe susceptible d'être divisé par des degrés dont chacun est tout à la fois grand et petit : grand par rapport aux degrés inférieurs; petit, si on on le compare aux degrés supérieurs.

C'est ainsi que sont constitués les principes homogènes, c'est-à-dire les principes de même nature. Ils se subdivisent en deux extrêmes opposés comme le grand et le petit, le chaud et le froid, etc., dont chacun considéré en soi est absolu, mais l'absolu a aussi un principe qui lui vient à l'encontre, c'est le relatif. Le relatif fractionne à l'infini chaque principe homogène et en relie les deux extrêmes par une chaîne échelonnée et continue dont les divers degrés se font opposition. En un mot, deux principes opposés, connexes et de même nature, constituent un seul et même principe susceptible de se manifester à tous les degrés d'intensité. Le nom générique du principe qui comprend le grand et le petit, c'est le mot grandeur. Celui du principe qui comprend le chaud et le froid, c'est le mot température.

Deux principes qui se font opposition ne sont pas toujours des degrés différents d'un même principe, d'une même nature. Ils peuvent aussi appartenir respectivement à deux principes de nature différente, lesquels alors ne se relient point par une chaîne échelonnée ininterrompue. Par exemple, l'esprit et la matière. Entre ces deux principes, les oppositions sont multiples. L'esprit est sensible, connaissant, conscient et voulant, d'une activité novatrice et progressive ; la matière est insensible, ignorante, inerte, c'est-à-dire sans conscience et sans volonté, et d'une activité stationnaire. Ces oppositions appariées, la sensibilité et l'insensibilité, la connaissance et l'ignorance, la volonté consciente et l'inertie, etc., ne s'assimilent point, elles ne représentent point dans leur appariement les degrés, ni les extrémités d'un même principe s'échelonnant régulièrement et sans point de solution, comme nous l'avons dit du grand et du petit, comme on peut le dire également du chaud et du froid. Leurs oppositions sont des oppositions de fond, d'essence, de nature et non de degrés. Il y a entre l'esprit et la matière solution de continuité et application du principe individualiste. La matière inerte ne peut développer que ce qui est en elle, étant foncièrement inconsciente, elle ne peut arriver à produire la plus petite parcelle de conscience. Ce qui est conscient dans les corps animés, c'est l'âme qui s'y adapte.

Les oppositions de fond, d'essence, de nature, déterminent entre l'esprit et la matière organisée la même affinité et la même concordance que celles qui subsistent entre le grand et le petit, le chaud, et le froid, c'est-à-dire entre les deux termes extrêmes d'un principe homogène. Mais le point où l'âme et le corps se mettent en contact, n'est plus qu'un croisement, une sorte de juxtaposition, d'amalgame que l'on peut comparer à ce que la chimie appelle mélange.

La matière ne devient apte à s'unir à l'esprit que lorsqu'elle s'est dégrossie, raffinée. Sa progression immobilisée comprend la matière brute ou moléculaire, le végétal, le corps animal, puis enfin le corps humain. Le corps qui occupe le plus bas échelon de la série animale est encore si inachevé, qu'il ne comporte qu'une dose d'esprit infiniment petite. Par suite, les manifestations de l'esprit y sont si peu accentuées, si difficiles à saisir, que l'on a déjà rangé parmi les végétaux, ce qui plus tard, après une observation plus attentive, a été classé parmi les animaux. C'est qu'en effet le corps animal le mieux développé et le corps humain même, ne sont que des végétaux de plus en plus perfectionnés auxquels se sont ajoutés des organes correspondant aux besoins variés de l'esprit qui s'y adjoint, tels sont les organes des sens, les systèmes nerveux et musculaires, ou appareils de la sensibilité et de la locomotion.

Entre la matière organisée et l'esprit, il ne peut y avoir affinité qu'autant qu'il y a correspondance entre le développement de chacun d'eux. L'âme humaine ne saurait habiter un corps animal, ni l'âme animale habiter un corps humain ou un végétal.

L'esprit s'allie au corps, mais chacun d'eux

conserve son allure propre, sa vie distincte. L'âme a une vie spéculative que le principe agissant et conscient ou la volonté règle et que les actes manifestent. Le corps a une vie purement végétative dont l'atome, principe agissant et inconscient, est l'agent. Tout ne peut donc être ramené à une unité homogène absolue. L'esprit humain et la matière forment deux grandes divisions qui, sans se confondre jamais, se rallient aussi nécessairement que l'ombre, la silhouette à la réalité dont elle retrace les contours.

Les deux termes extrêmes d'un principe homogène, tels que le grand et le petit sont équivalents, parce qu'ils sont de même nature. Cette équivalence révèle et affirme le principe de l'égalité. Le principe de l'égalité affirmé appelle à titre de complément indispensable le principe contraire, c'est-à-dire le principe de l'inégalité. Le type du principe de l'inégalité ne fait en effet pas défaut, il est exprimé par l'espèce de rapport qui s'établit entre l'esprit et la matière, celle-ci est subordonnée à celui-là, il y a entre eux deux, hiérarchie, inégalité.

Ainsi lorsque les principes qui se font une opposition connexe sont de même nature ou essence, tels que le grand et le petit, le chaud et le froid, ils sont équivalents. Lorsque chacun des principes opposés et connexes est d'une nature différente, comme l'esprit et la matière, il y a entre eux nécessairement inégalité, prépondérance de l'un sur l'autre. La coexistence de deux espèces de natures dont l'une est inférieure à l'autre, est d'ailleurs confirmée par l'universalité du principe de la dualité, et par l'opposition de caractère que la dualité implique dans les deux termes en concordance. Quant à l'existence même de la matière, elle implique nécessairement, au point de vue de la dualité, l'existence de l'esprit, afin que les caractères dont la matière est privée, soient représentés quelque part, dans l'esprit.

La parfaite compatibilité qui subsiste entre ces deux termes opposés, *égalité* et *inégalité* et la nécessité de leur simultanéité pour leur réalisation respective et rigoureuse sont faciles à apprécier. Dans une nation, tous les citoyens ont des droits égaux, mais comme il est manifeste que tous ont des mérites inégaux, chaque citoyen ne recueille par la stricte réalisation de son droit à l'égalité qu'une part proportionnelle à son mérite, une part inférieure ou supérieure à celle des autres, une part inégale. C'est là une excellente démonstration de l'illégalité du communisme. Le communisme pèche par la base, il méconnaît le principe de la dualité. Au lieu d'accepter dans une mesure impartiale et équivalente ces deux principes opposés, l'égalité et l'inégalité, le communisme renie celle-ci, et concède tout le terrain à celle-là.

L'Esprit supérieur et la création sont le type originel de la dualité ou opposition connexe. Ils sont les deux termes opposés et connexes de la grande synthèse dualiste qui résume tout ce qui est. Les différences ou oppositions connexes et l'affinité qui subsistent entre ces deux termes sont manifestes. Au-dessous il y a la synthèse dualiste de la création dont l'homme, esprit et corps reliés par l'affinité, est la plus haute expression. Puis enfin la matière, synthèse infime et dernière que, par déduction analogique, l'on doit supposer être également un composé de deux natures opposées, mais conciliables.

L'être suprême, en tant que créateur, a une existence indépendante et distincte de l'œuvre de ses mains et cette œuvre lui est évidemment subordonnée, sans restriction aucune. Il est souverainement nécessaire, indépendant, parfait et immuable. Par opposition, la création est un effet qui est sous la dépendance de la cause qui l'a créée, elle est contingente, subordonnée et mélangée d'imperfections.

En déduction de ce qui vient d'être dit de l'Esprit supérieur et de la création, la vie de l'esprit humain est indépendante et distincte de la vie du corps. Puis à l'instar de Dieu qui domine la création, l'âme commande au corps et elle s'en sert comme d'un instrument pour dompter le monde extérieur: entreprise hérissée de difficultés, contre lesquelles l'homme lutte persévéramment, avec des succès toujours lents et cependant toujours progressifs, par suite du caractère de perfectibilité qui lui est inhérent et qui le rend apte à élargir constamment l'horizon de ses spéculations, et à accroître progressivement sa domination sur la matière.

Quant à la matière, synthèse infime et dernière, considérée en soi, elle se refuse aux investigations directes qui auraient pour but d'en déterminer les deux parties constitutives correspondant aux deux natures de l'homme, l'esprit et la matière. Néanmoins nous essayerons de les décrire par voie de déduction analogique.

Le sens symbolique que nous attribuons à la création nous fait considérer l'homme et la matière comme deux reproductions synthétiques et graduellement affaiblies de l'Esprit supérieur et de sa création. La matière se rapprochant davantage de l'homme que de Dieu, c'est l'homme que nous considérerons pour en tirer nos déductions sur la matière.

L'homme est esprit et corps. Il s'ensuit que nous devons supposer que la matière aussi est un composé de deux natures opposées ayant avec les deux natures de l'homme de nombreuses analogies, mais aussi des différences et des oppositions, ce qui existe également de l'homme à Dieu.

Nous appelons *atome* et *substance* les deux natures de la matière correspondant aux deux natures de l'homme et nous puisons dans l'idée que nous nous faisons de l'esprit et du corps humain et des rapports qui existent entre eux, l'idée que nous devons nous faire des deux natures de la matière, l'atome et la substance, et de leurs mutuels rapports.

L'atome, c'est le mouvement, l'activité, la vie de la matière; la substance, ce sont les manières d'être matérielles, la couleur, la saveur, la sonorité, en un mot, ce qui dans la matière est passif et saisi par les sens. La substance est l'étoffe même de toutes les manières d'être matérielles perçues par les sens. Les deux éléments constitutifs de la matière, l'atome et la substance, sont ainsi parfaitement analogues aux deux éléments constitutifs de l'homme, l'esprit et le corps. Comme l'esprit, l'atome est invisible, impalpable et actif. Comme le corps humain, la substance, ou manière d'être matérielle, est visible, palpable et passive (1). Cette passivité de la substance doit s'entendre à l'égard de ses rapports avec l'atome; de même aussi tout corps animé, qui considéré en soi est actif, est néanmoins passif dans ses rapports avec l'esprit qui lui est adjoint. L'opposition connexe des caractères de l'atome et de la substance détermine entre eux une affinité réciproque qui les unit intimement et en fait un tout hétérogène que nous désignons par le mot molécule, comme l'union de l'âme et du corps constitue le tout hétérogène nommé homme. La molécule, atome et substance, est l'individu de la matière, au même titre que l'homme, esprit et corps, est l'individu du genre humain.

L'atome échappe complètement à nos sens, ce qui ne permet pas de l'étudier directement pour décrire les agents et le mode du mouvement, de l'activité et de la force que nous lui supposons. Pour nous renseigner sur les phénomènes qui se produisent dans l'atome, il faut

---

(1) La définition que l'on donne de l'objet de la physique est généralement peu nette, l'on pourrait y substituer celle-ci par suite de nos appréciations sur l'atome et la substance : la physique décrit les forces de l'atome et les phénomènes de l'activité des forces de l'atome. Quant à la chimie, son attention se porte sur la nature et les propriétés des éléments de la substance, la nature et les propriétés des produits obtenus par les diverses combinaisons et transformations des éléments de la substance.

décrire l'esprit, les facultés de l'esprit et le mode de l'activité de l'esprit. L'esprit, et plus particulièrement l'esprit humain, étant le type de l'atome, renferme indubitablement des données de nature à s'adapter analogiquement et avec vraisemblance à l'atome. Puis pour faire passer à l'état de certitude les faits que nous attribuerons hypothétiquement à l'atome, en déduction des données puisées dans l'esprit, nous signalerons des faits semblables de l'ordre atomique, qui, en se manifestant sur une grande échelle, sont devenus appréciables et authentiques.

L'esprit humain a trois facultés essentielles : le sentiment, l'intelligence et la volonté consciente appelée aussi libre arbitre.

La caractéristique de l'intelligence, c'est la compréhensibilité et la connaissance, c'est encore un retrait sur soi, c'est le froid de la concentration, le calme de la méditation absorbée dans l'observation des questions de fond pour en tirer des inductions dont l'application donne de la solidité à tout ce qui s'édifie. Evidemment la condition fondamentale de la solidité de toutes les édifications, c'est la solidité des éléments constituant le tout édifié. A ce point de vue, tout individu humain étant l'élément des sociétés humaines, la première condition de la persistance de la vie des sociétés humaines et de toutes leurs prospérités, c'est la persistance de la vie et de la prospérité de l'individu. C'est aussi de ce côté que se porte l'attention de l'intelligence. Avant tout, ses préoccupations sont pour l'élément, pour l'individu. Donc l'intelligence représente l'individualisme, c'est-à-dire l'amour et la préoccupation pour soi.

La caractéristique du sentiment, c'est la spontanéité irréfléchie de la sympathie, c'est la chaleureuse expansibilité du cœur poussée jusqu'à l'abnégation. A l'opposé de l'intelligence, où tout est calcul au profit de l'individu, le sentiment, foncièrement irréfléchi, spontané et instinctif, délaisse l'individu pour se dévouer avec désintéressement au prochain, au milieu extérieur. L'attribut du sentiment, c'est la philanthropie, c'est-à-dire l'amour et la préoccupation pour le prochain, pour le milieu.

Le sentiment, dont la note dominante est la sensibilité, est le premier affecté par ce qui est extérieur. Cette sensibilité crée et développe une force imaginative qui va au-devant de l'inconnu, de l'extérieur. Le sentiment, qui le premier en subit le contact, donne l'éveil à l'intelligence, il l'excite à tourner ses investigations du côté des objets qui l'impressionnent et à en prendre connaissance. Toutefois la sensibilité, œuvre du sentiment, ne peut exister sans le concours d'une opération de l'intelligence qui perçoit et donne connaissance de la sensibilité. La sensibilité et la connaissance sont les éléments du principe conscient, tout à la fois sensible et intelligent. Partout où ces deux éléments manquent, la conscience fait également défaut. Réciproquement la sensibilité et la connaissance ne sauraient exister sans la présence de la conscience. La conscience et la volonté sont à leur tour irrémissiblement unis par l'opposition connexe, l'une ne saurait subsister sans l'autre. La volonté ne peut entrer en activité, c'est-à-dire opter et vouloir, que sous l'influence de la conscience qui percevant la sensibilité et la connaissance suggère des aperçus et des motifs qui fournissent à la volonté l'occasion d'opter et de vouloir. La conscience, ou le concours de la conscience, est à son tour manifestée par l'option de la volonté pour l'une ou l'autre des suggestions présentées. Nier l'un ou l'autre de ces deux principes, volonté ou conscience, c'est du même coup nier l'autre. La conscience et la volonté constituent le libre arbitre qui signifie volonté libre.

Dans l'analyse que nous venons de faire de l'âme, nous avons trouvé que les facultés s'opposent deux à deux avec connexion et équivalence foncière et qu'elles sont solidairement unies : toutes les facultés relevant les unes des autres, il est en effet évident qu'aucune d'elles ne saurait faillir ou disparaître, sans que toutes les autres faillissent ou disparaissent dans la même mesure. La connexion, l'équivalence foncière et la simultanéité des facultés de l'esprit les unit indissolublement et solidairement. L'indissolubilité et la solidarité des facultés de l'esprit expliquent et déterminent *l'unité de l'esprit. L'unité* de l'esprit signifie surtout harmonie et indivisibilité des facultés constitutives de l'esprit. L'unité de l'esprit ainsi comprise, renferme ce qui lui est diamétralement opposé, la dualité ou opposition de ses facultés constitutives, c'est un exemple transcendant et une preuve indiscutable de l'entité du principe de la dualité ou opposition connexe, et de l'universalité des applications de ce principe.

Voilà la description succincte des facultés de l'esprit, nous passons à celle de l'activité morale de l'esprit, c'est-à-dire de l'activité se rapportant aux mutuelles relations des hommes.

Le principe conscient a pour éléments l'intelligence et le sentiment. C'est en eux qu'il puise l'inspiration des diverses directions ou motifs à proposer au choix de la volonté. Dans l'intelligence, le principe conscient rencontre *l'individualisme*, dans le sentiment, il rencontre *la phi-*

lanthropie. L'individualisme et la philanthropie sont deux mouvements opposés de l'âme humaine. L'individualisme, c'est la préoccupation pour soi et la tendance de tout ramener à soi ; la philanthropie, c'est la préoccupation pour le prochain et la tendance à se désister de tout pour le répandre au loin et en faire don au prochain.

C'est sur les données élémentaires, mais certaines, que l'observation et l'analyse directes de l'âme viennent de nous fournir sur les facultés de l'âme et sur l'activité morale de ces facultés, que nous tentons une conception analogique et toute hypothétique de l'atome ou mouvement, des agents et modes de son activité. Si l'atome invisible et impalpable ne peut être appréhendé par l'intermédiaire des sens, il peut l'être par un à priori de l'esprit qui, s'analysant lui-même, suppose que ce qui se passe en lui, en tant que principe actif de l'homme, se passe d'une manière analogue dans l'atome, en tant que principe actif de la matière. Préalablement nous signalerons les caractères d'essence de la matière.

La matière est inerte parce que son principe actif, l'atome, est lui-même inerte. L'inertie, signifiant absence de la volonté, implique également l'absence de la conscience, de l'intelligence et du sentiment, puisque ces diverses facultés sont reliées par une si étroite solidarité, qu'aucune d'elles ne peut être supprimée sans que toutes les autres disparaissent. L'atome, par cela même qu'il est inconscient, n'a connaissance ni de lui-même, ni de ce qui est en dehors de lui, il est le type de l'ignorantisme, de l'insensibilité et de l'inertie. Ces trois manières d'être inhérentes à l'atome et par conséquent à la matière, expriment le néant, c'est-à-dire l'absence des facultés qui sont le principe de la vie de l'esprit, de sorte que ce qui vit, c'est l'esprit, ce qui paraît vivre et ce qui ne vit pas, c'est la matière, elle n'est que l'ombre de ce qui vit. La matière représente le néant, en tant que principe opposé à l'être, et la parfaite connexion ou compatibilité du néant et de l'être, de la matière et de l'esprit est confirmée par le tout hétérogène nommé homme, tout à la fois esprit et matière.

L'intelligence et le sentiment, principes de la connaissance et de la sensibilité, sont le privilége exclusif de l'esprit. Néanmoins les tendances respectives de l'intelligence et du sentiment, c'est-à-dire les tendances individualiste et philanthropique, sont simulées dans l'atome par deux forces purement physiques et inconscientes. Ces deux forces sont : le froid, force de concentration qui ramène à soi en suivant la ligne de pesanteur ; le chaud, force de dilatation qui éloigne de soi en décrivant la ligne de projection.

Le froid, force de concentration et de pesanteur des atomes a un but tout intérieur, il concentre, circonscrit l'atome et détermine ses limites. Il crée dans l'atome, avec une vérité d'analogie irrécusable, ce que l'intelligence patronne, le principe de l'individualité et de la préocupation pour soi, aussi indispensable à la vie de l'atome qu'à celle de l'esprit. Le résultat de cette force de concentration et de pesanteur des atomes, est de les maintenir respectivement indivis et distincts les uns des autres, ce qui est le calque révélateur de l'individualité humaine et celui de l'indivisibilité, de la personnalité de l'Esprit supérieur, et de la distance qui le sépare à tout jamais de l'œuvre de ses mains.

Le chaud, force de dilatation et de projection des atomes trouve son emploi à l'extérieur, il est le lien qui unit les atomes les uns aux autres, de même que dans l'ordre spirituel le dévouement, œuvre du sentiment, est le principe de la bonne entente et de la sympathie qui rapprochent les hommes et les groupent en familles, en nations. Le chaud, force de dilatation et de projection des atomes est encore la représentation symbolique du sentiment et des liens de commisération et d'amour qui unissent le Créateur à sa créature, sans toutefois les confondre.

Il y a évidemment analogie entre le froid force de concentration, de pesanteur et l'intelligence individualiste ; entre le chaud, force de dilatation, de projection et le sentiment philanthropique.

La constatation de l'analogie qui subsiste entre les tendances de l'esprit humain et les tendances de l'atome confirme, par induction analogique, que Dieu est intelligence et sentiment. Ces deux facultés de la divinité sont révélées dans l'atome par les deux forces symboliques et purement physiques nommées : le froid, force de concentration et de pesanteur ; le chaud, force de dilatation et de projection, et dans l'homme par l'intelligence individualiste et le sentiment philanthropique.

Quant à la volonté, cette troisième et indispensable faculté inhérente à la vie spirituelle, nous la croyons représentée dans l'atome par un principe agissant, mais inerte et inconscient, lequel n'est autre que *la loi*. Nous reviendrons ultérieurement, avec les développements qu'elle mérite, sur cette force agissante que nous appelons la loi et qui dans l'atome tient lieu de la volonté.

De ce qui précède, se déduisent naturellement les quatre propositions suivantes :

1° L'essence de l'esprit humain est un composé d'intelligence, de sentiment et de volonté consciente ou libre arbitre, et la nature intime de la matière c'est l'opposé, c'est l'ignorantisme, l'insensibilité et l'inertie ou absence de volonté et conséquemment de conscience.

2° L'activité de l'esprit humain dans l'ordre moral, c'est-à-dire dans ses applications aux relations mutuelles des hommes, se manifeste sous deux formes opposées, l'individualisme et la philanthropie.

3° L'activité de la matière se compose également de deux forces opposées, la concentration, force de pesanteur et la dilatation, force de projection. Le fonctionnement de ces deux forces rappellent et imitent le fonctionnement de l'individualisme et de la philanthropie, il y a évidemment analogie entre l'individualisme et la concentration qui ramène à soi en suivant la ligne de pesanteur, entre la philanthropie et la dilatation qui éloigne de soi et répand au loin dans la direction de la ligne de projection.

4° Il résulte de ce qui précède que *les oppositions connexes de l'esprit et de la matière se rapportent à leur nature intime et leurs analogies à leurs tendances et au mode de leur activité.*

Guidé par ce simple *à priori* que l'homme, en tant qu'esprit et corps et que la matière, en tant qu'atome et substance, sont des reproductions de plus en plus affaiblies de l'Etre supérieur et de sa création, nous avons supposé que le froid, force de concentration et de pesanteur et le chaud, force de dilatation et de projection sont les principes constitutifs de la vie et du mouvement de l'atome et qu'ils reproduisent symboliquement l'intelligence et le sentiment et leurs tendances respectives : l'individualisme et la philanthropie. Ce que nous connaissons de l'analogie indéfiniment diversifiée de la création rendait cette hypothèse vraisemblable. Elle devient certaine, si l'on songe à ce qui se passe dans les degrés supérieurs de l'ordre matériel. Depuis longtemps il est avéré que la force de concentration, de pesanteur et celle de dilatation, de projection sont les agents du double mouvement de rotation et de translation des corps célestes. Ce qui prouve que notre hypothèse à l'égard de l'atome est véridique et que ces mêmes forces de concentration et de pesanteur, de dilatation et de projection sont en effet, les agents du mouvement et de l'activité des atomes.

CHAPITRE III.

Le principe de l'analogie admis confirme qu'il y a unité de plan dans la création et que le type de cette unité remonte jusqu'à Dieu. Le principe de la dualité est le type universel de l'unité de plan de la création, il est encore le fait capital régi par la loi une et universelle. Puis l'aperçu intuitif de l'équivalence foncière des deux termes de la dualité achemine l'homme à la connaissance de sa loi et à celle du commandement de sa loi. La loi et le commandement de la loi une et universelle, c'est *l'équilibre ou l'équivalence d'activité et de concours, alternativement stable et instable, des deux termes de la dualité* ou opposition connexe.

L'un des représentants les plus autorisés de l'école spiritualiste attribue la recrudescence actuelle du matérialisme, à l'inclination innée chez l'homme de généraliser et de vouloir tout ramener à l'unité. Voici comme il s'exprime à ce sujet :

.... (1) « Ce qui explique le succès du matérialisme, c'est un penchant naturel à l'esprit humain et qui est aujourd'hui extrêmement

---

(1) *Le Matérialisme contemporain*, préface, page VIII P. Janet.

puissant dans les esprits : le penchant à l'unité. On veut expliquer toutes les choses par une seule cause, par un seul phénomène, par une seule loi. C'est là sans doute un penchant utile et nécessaire, sans lequel il n'y aurait point de science ; mais de combien d'erreurs un tel penchant n'est-il pas la cause? Combien d'analogies imaginaires, combien d'omissions capitales, combien de créations chimériques, a produites en philosophie l'amour d'une vaine simplicité. Qui peut nier sans doute que l'unité ne soit au dernier fond des choses, au commencement et à la fin? Qui peut nier qu'une même harmonie gouverne le monde visible et le monde invisible, les corps et les esprits ? Mais qui nous dit que ces harmonies, ces analogies qui unissent les deux mondes soient de celles que nous pouvons imaginer? Sur quoi nous fondons-nous pour forcer la nature à n'être autre chose que l'éternelle répétition de soi-même, et, comme le dit Diderot, un même phénomène indéfiniment diversifié ? Illusion et orgueil ! les choses ont de plus grandes profondeurs que n'en a notre esprit. Sans doute la matière et l'esprit doivent avoir une raison commune dans la pensée de Dieu; c'est là qu'il faudrait chercher leur dernière unité ; mais quel œil a pénétré jusque-là? Qui pourra croire avoir expliqué cette origine commune à toute créature? Qui le pourrait, sinon Celui qui est la raison de tout?...... »

Ce qui éclate dans cette belle page de M. P. Janet, c'est la foi dans l'unité de la création et l'unité de la loi, et en même temps, un sentiment de vive réprobation contre les doctrines subversives qui ont surgi des études faites pour découvrir cette double unité. C'est encore l'expression d'un doute sur la possibilité d'arriver à constater la caractéristique de l'unité de la loi et celle de l'unité de plan des diverses circonscriptions de la création tant spirituelle que matérielle. Cependant si ces caractéristiques existent, pourquoi désespérer de les découvrir? Pourquoi renoncer à les chercher? Ce qu'une génération ne peut achever, les générations suivantes le poursuivent avec des chances de succès d'autant plus grandes, que les investigations précédentes ont été plus laborieuses et plus débattues. Toutes les idées ayant quelque valeur sont recueillies par nos fils avec sollicitude, les tentatives même les plus malheureuses ont leur utilité, elles signalent les points de vue erronés et défectueux et circonscrivent de plus en plus les études dans le vrai.

Dans les tentatives faites pour résoudre le vaste problème de l'unité de la création et de l'unité de la loi, des méthodes incomplètes ont été employées. Il faut les réviser et procéder avec plus de circonspection. La méthode analogique a été, par-dessus toutes, méconnue dans son principe le plus important. Dans les comparaisons que l'on a établies entre l'esprit et la matière, l'on a surtout considéré le côté analogique de l'esprit et de la matière, et l'on n'a pas assez insisté sur la différence de leur nature particulière. De sorte que de ces deux causes comparées, l'esprit de la matière, l'on a conclu à des effets identiques qui ont conduit insensiblement à affirmer que les deux natures ne font qu'un, ce qui est le fond même du matérialisme. Si l'on avait tenu meilleur compte de la différence des natures de l'esprit et de la matière, considérés en tant que causes, l'on aurait été mieux préparé pour discerner dans leurs effets respectifs des différences correspondantes qui n'auraient permis de douter ni de la simultanéité d'existence de l'esprit et de la matière, ni de ce qu'il y a de distinct dans l'activité et dans le but de l'activité de chacune de ces deux natures.

Nous avons affirmé le principe de l'analogie en nous fondant sur cet aperçu, que l'Etre supérieur renferme nécessairement tous les principes de vie et que par suite, c'est en imprimant à sa création quelque chose de ressemblant, d'analogue à sa propre manière d'être qu'il lui a infusé la vie.

Le principe de l'analogie, ainsi compris, confirme qu'il y a unité de plan dans l'œuvre de la création et que le type de cette unité de plan remonte jusqu'à Dieu. Mais l'analogie ne peut ni indiquer en quoi consiste cette unité de plan, ni signaler le fait capital régi par la loi, ni dévoiler le sens de la loi, ni faire connaître le commandement qui en découle naturellement. Mais ce que le principe de l'analogie est impuissant à faire connaître, son principe opposé et connexe le révèle clairement, c'est là une conséquence indubitable de l'opposition connexe. Chacun des deux principes en opposition est en mesure de fournir un renseignement tiré d'un point de vue différent, les deux renseignements se complètent réciproquement et donnent la solution cherchée.

Le principe opposé de l'analogie, c'est la dualité. La dualité ou opposition connexe des principes se trouve au fond de toutes les reproductions analogiques, indéfiniment diversifiées et graduellement affaiblies de l'Esprit supérieur, c'est pourquoi la *dualité* ou opposition connexe des principes appariés deux à deux dans l'esprit humain et dans la matière *est le type même de l'unité de plan* de toute la création et *elle est encore le fait capital régi par la loi une et univer-*

selle, laquelle s'adapte avec une égale convenance à l'esprit humain et à la matière édifiés l'un et l'autre sur un type commun, l'Esprit supérieur.

En déduction de l'universalité de la dualité, tous les principes et subdivisions de principes, soit spirituels, soit matériels, marchent deux à deux en se faisant une opposition connexe et ils sont, l'un à l'égard de l'autre, équivalents. C'est une équivalence de fond, d'essence, une équivalence inaliénable. Dans la matière qui est inerte, c'est-à-dire sans conscience et sans volonté, l'équivalence foncière des principes en opposition connexe détermine fatalement et en quelque sorte mécaniquement l'équivalence de l'activité de ces mêmes principes, c'est-à-dire l'équivalence de leur concours respectif dans les opérations de la matière.

L'équivalence des principes opposés et connexes de l'esprit humain est également une équivalence foncière et, dans le sens absolu, cette équivalence est inaliénable, toutefois elle est souvent troublée et compromise par suite du caractère conscient et libre de l'esprit humain. Le libre arbitre est conscient de l'intelligence, du sentiment et de l'équivalence foncière de ces deux facultés de l'âme. La connaissance et le sentiment de cette équivalence foncière sont un trait de lumière pour la logique intuitive du sens intime, de la conscience qui mentalement conclut que puisque l'intelligence et le sentiment et leurs tendances respectives, l'individualisme et la philanthropie, sont des principes foncièrement équivalents, chacun d'eux ne doit apporter qu'un concours d'activité équivalent, afin que l'équivalence foncière ne soit pas détruite : *c'est ainsi que l'aperçu de l'équivalence foncière des deux termes de la dualité achemine l'esprit humain à la connaissance de la loi conciliatrice et égalitaire, dont le principe conscient se fait l'interprète officiel*, sorte de tribunal qui veille au maintien de l'équivalence foncière des principes opposés, en plaidant la cause de tout principe méconnu et débordé. Mais la conscience interprète officielle de la loi conciliatrice et égalitaire rencontre dans le for intérieur un principe d'exclusivisme qui lui fait opposition, c'est la manière d'être dominante de l'individu. Dès-lors le débat circonscrit entre l'intelligence et le sentiment se déplace et s'établit entre la conscience, principe d'égalité et la manière d'être dominante de l'individu, principe d'exclusivisme. Puis, conscient du commandement de la loi dicté par la conscience et de la manière d'être dominante de l'individu, le libre arbitre survient et prononce en dernier ressort. A son gré, le libre arbitre se conforme au commandement de la loi qui exige l'équivalence du concours respectif de l'intelligence et du sentiment, de l'individualisme et de la philanthropie, ou il l'enfreint en permettant que l'une ou l'autre de ces tendances prenne une extension anomale, au préjudice de celle qui lui fait opposition. Ce qui fait loi et détermine l'adhésion du libre arbitre, ce qui s'impose, ce n'est pas la loi, c'est la manière d'être dominante du moment, de l'individu laquelle est patronnée par le libre arbitre.

Puisqu'il y a analogie entre l'activité de l'esprit humain et l'activité de la matière, il est évident qu'il doit y avoir également analogie entre la loi qui régit les actes moraux de l'homme et celle qui régit les actes ou opérations de la matière. Mais à côté des analogies que nous avons constatées, il existe également des différences, des oppositions qui doivent déterminer, à l'égard de la loi, selon qu'elle se rapporte à l'esprit humain ou à la matière, des différences correspondant au plus ou moins de valeur de chacune de ces deux natures.

C'est donc par l'observation de ce qui se passe dans l'esprit et dans la matière, et en soumettant les données de l'observation à la méthode analogique qui donne ses solutions en tenant compte des différences de nature, que nous tenterons de déterminer ce qui dans la loi est commun à l'esprit et à la matière et ce qui dans cette même loi s'ajoute de spécial pour l'esprit, en tant que nature douée de caractères différents et supérieurs à ceux de la matière.

Nous avons établi que les forces de concentration, ligne de pesanteur et de dilatation, ligne de projection subsistent simultanément dans l'atome. Il convient actuellement de décrire le jeu de ces deux forces pour découvrir et constater la loi qui y préside, saisir le sens de cette loi et tout ce qu'elle peut fournir d'aperçus applicables au jeu de l'individualisme et de la philanthropie, afin de faire ressortir ce qui dans la loi est commun à l'esprit et à la matière.

Nous considérons les forces de concentration et de dilatation comme deux tendances opposées dont aucune ne pourrait être exclue de l'atome sans faire rentrer celui-ci dans le néant. Si la force de concentration agissait seule dans les atomes, ceux-ci se concentreraient de plus en plus et s'amoindriraient jusqu'à extinction. D'un autre côté, si la force de dilatation l'emportait exclusivement, l'atome se désagrégerait et s'éparpillerait dans l'espace jusqu'à complète disparition.

La force de concentration de chaque atome est ce qui empêche la force de dilatation, également présente, de prendre des proportions qui dissiperaient l'atome comme une ombre vaine. Par réciprocité, la force de dilatation s'oppose dans l'atome au développement désordonné et exclusif de la concentration, qui, dans cette mesure extrême, cesse d'être un principe de consolidation et n'est plus qu'un principe de condensation indéfinie dont le dernier terme est l'amoindrissement extinctif, l'anéantissement.

Dans le même atome, il y a équilibre et équivalence entre ces deux forces opposées et connexes, la concentration et la dilatation. Cet équilibre et l'opposition des tendances produisent l'affinité qui existe entre ces deux forces opposées et qui les oblige à se maintenir simultanément dans le même atome.

Si l'équilibre venait à être rompu, c'est-à-dire si l'une ou l'autre des forces de concentration ou de dilatation l'emportait sur l'autre, l'affinité cesserait entre elles. Celle des deux forces qui l'aurait emporté tendrait constamment à accroître son empire par l'exclusion progressivement absolue de celle qui devait lui faire contre-poids. Mais comme cela vient d'être dit, la disparition du principe méconnu et débordé déterminerait fatalement la disparition de l'atome et partant celle du principe envahissant. C'est que tout principe, quel qu'il soit, est inhabile à subsister sans le contact du principe qui lui fait opposition et qui, par cela même, l'empêche de prendre un développement illimité destructif de toute vie contingente.

Le développement illimité n'est normal que dans la divinité. La raison en est facile à saisir. En Dieu tout est illimité, conséquemment tout se fait équilibre. Dans ce qui est contingent, au contraire, tout est limité, mais tend à progresser pour atteindre sa dernière limite. Si le progrès s'effectue dans la même mesure sur les deux principes qui se font opposition, il y a équilibre et le progrès est normal, bienfaisant. Si le progrès n'atteint que l'un des principes, l'équilibre est rompu, le progrès ne produit que le mal, parce qu'il se fait en dehors de sa loi, dont l'un des premiers statuts est l'observation même de l'équilibre.

Toutefois l'équilibre peut être *stable* ou *instable*.

Chez l'Esprit supérieur, l'équilibre ne varie pas, il est toujours rigoureux et *stable*.

Chez l'homme et dans toute la nature, il y a alternativement *équilibre instable* et *équilibre stable*.

L'*équilibre instable* est celui où l'un des deux principes qui sont en présence l'emporte sur l'autre. Mais après avoir pris les devants, si le principe émancipé réagit sur l'autre et l'élève à son propre niveau, l'équilibre stable se rétablit sur un échelon supérieur et un progrès s'est réalisé.

L'équilibre instable procède par réactions, c'est une sorte de va-et-vient qui peut encore être comparé à une bascule dont les deux extrémités s'abaissent et s'élèvent alternativement. L'équilibre instable produit les marées, la mutation de la matière et ces grands courants d'opinions contraires qui poussent alternativement chaque homme, chaque nation et l'humanité entière dans les sens les plus opposés.

Lorsque l'équilibre instable n'est par suivi de l'équilibre stable, c'est-à-dire lorsque le principe qui l'a emporté continue à s'élever sans que l'autre regagne le terrain qu'il a perdu et atteigne le niveau du principe émancipé, l'équilibre et l'affinité qui lui est adéquate disparaissent dans la même proportion, et les deux principes deviennent incohérents et hostiles à l'égard l'un de l'autre. Il y a alors perturbation, souffrance et acheminement à la mort.

Au moral, comme au physique, l'exclusivisme de l'un quelconque des principes en opposition connexe est désastreuse, directement, pour le principe méconnu et débordé, et réactivement, pour le principe envahisseur. L'hostilité règne entre eux et la ruine de l'un entraîne fatalement la ruine de l'autre. Il s'ensuit que la loi, dont l'objet est de veiller à l'harmonie et à la persistance de tout ce qui est, doit interdire l'exclusivisme et exiger le maintien de l'équilibre.

Nous venons de voir que si l'une ou l'autre des deux forces de l'atome, la concentration, ligne de pesanteur et la dilatation, ligne de projection prenait, au détriment de la force qui lui est opposée, un développement illimité, les atomes dans le premier cas s'amoindrirait jusqu'à extinction, et dans le second cas, ils s'éparpilleraient jusqu'à disparition. L'atome étant l'élément vital de la matière dont notre terre est formée, il en résulterait que celle-ci suivrait parallèlement la même marche d'amoindrissement ou d'éparpillement, ce qui occasionnerait des cataclysmes effrayants dont la conséquence inévitable serait l'anéantissement de notre globe. Puisque ces cataclysmes ne se produisent pas, il faut admettre, que la force de concentration et de pesanteur, celle de dilatation et de projection apportent, dans leurs opérations communes et réciproquement solidaires, une activité et un concours équivalents qui donnent pour résultat l'harmonie et la persistance de l'existence. La loi qui gouverne le froid et le chaud et leurs dérivés, la concentration, ligne de pesanteur et la dilatation, ligne de projection, c'est donc l'équilibre et l'équivalence de l'activité et du concours de ces diverses forces toutes appariées deux à deux pour se faire une opposition connexe qui les préserve de l'exclusivisme, destructeur de toute vie contingente. Cette loi oblige chacune des deux forces en opposition connexe à apporter, en tout et partout, un concours d'activité équivalent et alternatif. L'alternance des forces de concentration, ligne de pesanteur et de dilatation, ligne de projection est ce qu'on appelle force réactive.

Dans l'ordre moral, ce qui correspond au froid et au chaud et à leur dérivés respectifs, la concentration, ligne de pesanteur et la dilatation, ligne de projection; c'est l'intelligence et le sentiment, et leurs dérivés respectifs, l'individualisme et la philanthropie. Par déduction analogique, la loi qui s'impose à la raison de l'homme et dont il doit s'inspirer pour régler ses motifs et ses actes, c'est l'équilibre et l'équivalence d'activité et de concours de l'intelligence et du sentiment, de l'individualisme et de la philanthropie.

L'équilibre et l'équivalence d'activité et de concours, alternativement stable et instable, des principes opposés et connexes est en effet la loi une et universelle, commune à l'esprit et à la matière, elle embrasse dans ses applications tous les dualismes, tant ceux de l'esprit que ceux de la matière.

L'équilibre instable, ou équilibre par alternats, et l'équivalence des forces de concentration et de dilatation, expliquent tout le mécanisme du double mouvement de rotation et de translation des astres et l'invariabilité de leurs positions relatives. Quant à l'emplacement même des évolutions de notre système solaire, il est à présumer qu'il change d'une manière constante et régulière. Notre système solaire incline vers la constellation d'Hercule, ce qui semble indiquer qu'il fait partie du contingent d'un mouvement de translation supérieur qui entraine, dans sa marche incommensurable, d'innombrables systèmes pareils aux nôtres, et qui emploie, pour réaliser une seule de ses révolutions, bien des milliers d'années. Tant il est vrai que des affinités réciproques résultant de l'équilibre des forces de concentration et de dilatation, relient toutes les parties de la création et en font un tout indivis et harmonieux.

L'harmonie règne parmi les corps célestes et dans toute la nature, parce que les forces de la matière obéissent ponctuellement à la loi de l'équilibre qui les régit. Tandis qu'évidemment le trop plein de misère et de souffrance, l'anarchie, les guerres civiles et internationales qui désolent les sociétés humaines, sont dus à ce que l'équilibre exigé par la loi morale n'est pas observé entre l'individualisme et la philanthropie, ces deux tendances opposées et connexes de l'esprit humain, d'où dérivent tous les motifs des actes des hommes se rapportant à leurs mutuelles relations.

Mais de ce que l'équilibre ou équivalence de concours des forces de concentration est, dans cet ordre de faits, toute la loi de la matière, faut-il en conclure que l'équilibre des tendances individualistes et philantropiques soit aussi toute la loi de l'esprit ? Non ! sans aucun doute, non ! La nature plus élevée de l'esprit doit nous faire supposer que la loi de la matière ne peut devenir la loi de l'esprit qu'à la condition de subir un renchérissement correspondant à ce qui, dans l'esprit, est supérieur à la matière.

C'est à découvrir la nature et la mesure de ce renchérissement que nous nous attacherons dans le chapitre suivant, tout en continuant à deviser sur les autres analogies et oppositions de l'esprit et de la matière.

CHAPITRE IV.

Un première différence subsiste dans la loi selon qu'elle se rapporte à l'esprit ou à la matière : pour l'esprit la loi est *facultative* et pour la matière la loi est *fatale*.

Des expériences irréfutables ont appris que les planètes de notre tourbillon tournent sur elles-mêmes, et qu'elles accomplissent en même temps une révolution autour du soleil. Tout cependant n'est point compris dans ce double mouvement des astres. Une question de fond est restée sans solution. Le mouvement qui fait tourner les astres sur eux-mêmes, et celui qui les entraîne à décrire une circulaire autour du soleil, sont-ils produits par attraction ou par impulsion? Cette impulsion part-elle de l'intérieur, ou vient-elle du dehors? Les corps célestes sont-ils attirés, sont-ils poussés, ou s'élancent-ils dans l'espace par un mouvement spontané qui leur soit inhérent? Plusieurs pourront trouver ces questions oiseuses, puisque dans les trois cas le résultat est le même. Pour nous, ces questions sont capitales. Nous avons avancé que toutes les créations matérielles : astres, molécules, atomes, etc., reflètent les caractères de l'esprit ; il ne peut donc nous être indifférent de savoir si les astres sont attirés, s'ils sont poussés, ou s'ils tirent d'eux-mêmes leur impulsion. Ne point être dominé par une impulsion étrangère est une des premières conditions de la liberté. Si donc les corps célestes sont attirés ou poussés, ils ne sont pas libres, et la conséquence logique qui en ressort pour nous, qui croyons devoir trouver dans les créations matérielles des indices qui dévoilent le sens véridique des caractères de l'esprit, c'est que le libre arbitre de Dieu et celui de l'homme sont illusoires.

Si, au contraire, les corps célestes trouvent en eux-mêmes leur impulsion, il s'ensuit, en déduction de la théorie des analogies subsistant entre l'esprit et la matière, que l'esprit aussi doit trouver la sienne en lui-même. Le principe de la liberté étant représenté et affirmé dans les astres, met hors de doute celui de la liberté de l'esprit. Dieu alors est libre et l'homme aussi.

Assez longtemps les savants ont interrogé le monde phénoménal pour y découvrir la cause de la gravitation des astres. Jusqu'ici, ils n'ont pu en décrire que le mode et les résultats. Tournons nos investigations d'un autre côté. Voyons si, dans les mouvements de l'âme, nous ne saisirons point quelques indices qui nous mettent sur les traces du point de départ du mouvement des astres. Ce qui est vague et d'une interprétation difficile dans le symbole, dans le monde matériel, peut être plus saillant dans l'esprit qui en est le type. Cet esprit, nous le portons en nous-mêmes, l'étude nous en est facile.

L'intelligence, le sentiment et la volonté consciente sont les trois facultés essentielles de l'âme, principe agissant et conscient. Chacune de ces trois facultés a un mode d'activité qui lui est propre et qui donne des résultats relatifs. Le premier résultat de l'activité de l'intelligence, c'est de donner la connaissance. Le premier usage que fait l'intelligence de la connaissance acquise, c'est de l'appliquer à circonscrire l'individu dans ses limites naturelles. Cette limitation de l'individu le rend indivis et distinct de tout autre individu et donne naissance à l'individualisme, c'est-à-dire à l'amour et à la préoccupation pour soi. L'individualisme, qui est le fait de l'intelligence, joue le même rôle dans l'esprit que la force de concentration et de pesanteur dans la matière. C'est en vertu de la force ou de la tendance individualiste que chaque homme se replie sur lui-même et use pour lui des avantages dont il a le privilége. Dans la matière, cette force de concentration nous paraît simple, dans l'esprit humain elle est évidemment complexe. L'individualisme incline chaque homme, non-seulement à enserrer pour son propre usage tout ce qu'il possède, mais il l'incite encore à soutirer de l'extérieur le plus possible à soi. A la force de concentration qui a pour but de ne rien laisser échapper de ce que l'on a, s'ajoute invariablement dans l'individualisme une force attractive dont le but est d'attirer de l'extérieur le plus possible à soi. Ceci, vrai en psychologie, l'est également en physique. Cette force individualiste de l'esprit qui agit simultanément à l'intérieur et à l'extérieur, doit également être attribuée à la force de concentration de la matière. Comme l'individualisme, la force de concentration est en même temps, et en vertu de son propre principe, une force attractive. La force de concentration des corps célestes détermine sur toute leur circonférence une sorte de retrait qui se dirige vers le centre. Ce retrait laisse un vide que les corps avoisinants viennent occuper. Le vide opéré par la concentration est la cause déterminante de l'attraction, laquelle suit exactement la même ligne que la force de concentration. Leur commune direction, est la ligne de concentration ou de pesanteur, celle qui aboutit au centre.

La concentration dans le règne inorganique est encore, comme la nutrition dans le règne organique, un moyen d'assimiler à l'intérieur ce qui vient de l'extérieur. Si les aliments extérieurs manquent à l'action de la nutrition, le dépérissement, puis la mort s'ensuivent inévitablement. L'attraction des corps inorganiques est une sorte de pourvoyeur qui fournit des matériaux sur lesquels la force de concentration opère, comme la nutrition et la végétation le font chez les êtres animés et chez les végétaux, à l'égard des aliments et des sucs attirés et absorbés par eux.

La quantité des aliments attirés et absorbés par les êtres et les végétaux est généralement proportionnelle au volume respectif de ces êtres et de ces végétaux. L'attraction des astres est également proportionnelle à leur masse respective. Il en est de même des choses de l'esprit. Dans les rapports mutuels des hommes, plus l'individu est haut placé, plus il est puissant, plus aussi il prime et absorbe tout ce qui l'entoure.

Nous avons trouvé dans l'esprit humain des tendances qui nous ont mis sur la voie d'une explication satisfaisante de l'attraction des astres et de ce qui la détermine. C'est encore à la même source que nous nous renseignerons pour obtenir les mêmes solutions à l'égard de la cohésion sans laquelle l'attraction ne saurait obtenir son résultat. Pour l'accomplissement de leurs fins respectives et réciproquement opposées et connexes, la cohésion et l'attraction sont chacune, l'une pour l'autre, un complément indispensable, c'est ce que la suite rendra évident.

L'intelligence donne à l'individu la connaissance de lui-même et lui fait apercevoir ses limites. Le sentiment, au contraire, ne se préoccupe que du prochain : il inspire le dévouement pour les autres, puis l'amour. Les bienfaits que nous répandons nous inclinent à aimer ceux qui en ont le bénéfice. Notre amour croît avec notre dévouement, il en est la récompense la plus douce. Les bienfaits, puis l'amour, telle est la marche instinctive du sentiment. Mais l'homme borné dans sa puissance et dans ses ressources succomberait inévitablement à la tâche d'un dévouement qu'il étendrait uniformément à tous les hommes. Le danger de ruine attaché à tout dévouement illimité, confère à chaque individu le droit de limiter ses dévouements à un centre dont les besoins ne dépassent pas ses ressources, conséquemment d'adhérer à ce centre moins grand et de l'aimer par-dessus tout autre. De là, chez l'homme, deux degrés de dévouement et d'amour: la préoccupation et l'amour pour soi, c'est-à-dire l'individualisme ; puis le dévouement et l'amour pour ses semblables, c'est-à-dire la philanthropie avec ses degrés échelonnés: la famille, la patrie, l'humanité.

Le dévouement inspire l'amour. Par réciprocité, l'amour commande impérieusement le dévouement. Ce qui fait que la pente instinctive de l'homme chez qui l'amour domine, c'est de se dévouer d'abord pour ceux qu'il aime le mieux, et cela souvent, jusqu'à ne rien réserver pour le service des autres hommes, pour lesquels cependant il éprouve aussi de la sympathie. Un des côtés du rôle de l'amour, c'est donc de circonscrire le dévouement à quelques-uns à l'exclusion de tous les autres.

Le rôle de la cohésion attribuable aux astres est, en tout, analogue à celui de l'amour dans l'esprit. La cohésion fixe à un point déterminé la dilatation de ces grands corps matériels, elle empêche cette dilatation de se répandre sans limite.

La force de dilatation des corps célestes correspond dans l'esprit au besoin du cœur humain de se dévouer. Cette force de dilatation de la matière est pourvue d'une force de cohésion dont l'emploi est de limiter la dilatation, de la circonscrire à un rayon déterminé, de même que l'amour circonscrit le dévouement à un centre assez restreint pour que le dévouement réalisé puisse être efficace pour ceux qui en sont l'objet, sans entraîner la ruine de celui qui se dévoue. L'amour dans l'esprit correspond donc exactement à ce qu'on appelle la cohésion dans la matière.

Observons maintenant quelles sont les circonstances qui déterminent la cohésion.

Contrairement à la concentration qui toujours aboutit au centre, la dilatation part du centre et atteint la circonférence. Tout principe tend invariablement à atteindre sa limite extrême. La force de dilatation partie du centre et arrivée à la circonférence tend donc à dépasser cette limite, c'est-à-dire à se répandre au dehors. Mais à la circonférence, la force de dilatation rencontre la force de concentration qui, agissant dans le sens contraire, s'y oppose avec d'autant plus d'énergie que la circonférence est sa limite. Une lutte s'engage alors entre ces deux forces. Laquelle des deux l'emportera? Ces deux forces sont équivalentes et si diamétralement opposées qu'elles paraissent inconciliables comme l'antagonisme qu'elles simulent et qui souvent subsiste entre l'individualisme et la philanthropie.

La concentration et la dilatation étant des forces essentiellement inconscientes, sans volonté, inertes enfin, sont complètement subordonnées à la loi. Fatalement donc l'issue de leur antagonisme s'accomplit selon la loi. La loi pour chacune d'elles en particulier est de tendre invariablement à atteindre sa dernière limite. Lorsque ces deux forces contraires se rencontrent, elles se font réciproquement obstacle, mais alors une loi conciliatrice survient et règle leurs rapports. Cette loi les équilibre en imposant à chacune d'elles, le sacrifice bénévole d'une moitié de ses prétentions. A cette condition seulement, les forces opposées vivent côte à côte dans une paix profonde. Nous allons voir que cet équilibre s'établit entre les deux forces opposées qui résident dans les astres et que cet équilibre est tout le secret de leur sublime harmonie.

Arrivée à la circonférence de tout astre, la force de dilatation se divise en deux parties. L'une des parties, se faisant de la concentration circonférencielle un point d'appui, acquiert une force de cohésion qui la retient à l'intérieur. L'autre partie de la force de dilatation se soustrait à l'action de la concentration et se répand à l'extérieur. Il y a alors, dans une égale mesure, dilatation à l'intérieur et dilatation à l'extérieur.

Comme cela se dit de l'attraction, la force de dilatation extérieure est proportionnelle à la masse d'où elle s'échappe, de sorte que la dilatation extérieure et l'attraction d'un même corps ou astre sont parallèles et atteignent exactement la même limite. Conséquemment la première résorbe à l'extérieur une somme égale à celle qui est absorbée par la deuxième. Au-delà de cette limite qui leur est commune, la force d'attraction n'agit plus et la force de dilatation devient apte à opérer sa cohésion extérieure. Pour que la cohésion ait lieu, il faut que la force de dilatation extérieure rencontre sur son chemin un point auquel elle puisse adhérer. Abandonnée à sa seule impulsion, comment y parviendrait-elle? le propre de la force de dilatation, c'est de se répandre sans mesure et sans règle. Ici nous voyons l'emploi et l'opportunité de la force attractive d'un corps ou astre placé à proximité. La force attractive, comme l'intelligence qu'elle simule, semble agir avec connaissance et se proposer un but déterminé. Elle sollicite la force de dilatation du corps opposé à venir à elle, elle lui trace le chemin à suivre, jusqu'à ce que celle-ci adhère à elle par la cohésion.

La dilatation intérieure et la cohésion effectuée à la circonférence des corps célestes sont les symboles de la préoccupation et de l'amour pour soi, c'est-à-dire de l'individualisme. La dilatation et la cohésion extérieures sont ceux du dévouement et de l'amour pour nos semblables ou de la philanthropie.

C'est moyennant ces mutuelles concessions que les forces opposées, tant intérieures qu'extérieures, de la matière, s'exercent dans un paisible accord. Si les sociétés humaines renferment tant de misère et d'antagonisme, c'est parce que les tendances qui, dans l'esprit de l'homme, se font opposition, ne réalisent point l'admirable équilibre que nous venons de constater entre les forces de la matière. Chez l'homme, l'individualisme dégénère en égoisme, le dévouement en abnégation poussée jusqu'au renoncement et à la macération. L'autorité tourne au despotisme, et la liberté à l'anarchie. Enfin en tout et partout, l'individu prend trop peu de souci de rendre à la société l'équivalent de ce qu'il en tire.

Ce que nous avons dit de la complexité du caractère de la concentration et de celle du caractère de la dilatation nous fournit l'occasion de signaler une vérité fondamentale qui confirme encore la constance du principe de la dualité ou opposition connexe, c'est que tout principe trouve en lui-même son antidote. Ainsi la force de concentration, qui est un principe de condensation et conséquemment d'amoindrissement pour tout corps que rien d'extérieur ne vient alimenter, est pourvue d'une force attractive qui pourvoit à sa consommation. La force de dilatation qui tend à tout désagréger, à s'éparpiller et à se répandre jusqu'à extinction, est pourvue d'une force de cohésion qui lui permet de se limiter.

Une autre vérité aussi importante, c'est que

les opérations, soit de la matière, soit de l'esprit, s'effectuent, quand elles sont normales, par la participation équivalente de deux principes ou agents qui se font opposition et qui tendent à s'équilibrer. Nous venons de voir que dans la matière, la force de dilatation se répandrait sans limite jusqu'à complète disparition, si la force de concentration, en premier lieu, puis la force attractive d'un corps extérieur ne venaient successivement offrir à cette force de dilatation un point d'appui, sans lequel la cohésion ne saurait se réaliser. Par réciprocité, pour que la force attractive arrive à ses fins, il faut qu'elle aille à la rencontre de la dilatation et que celle-ci adhère à elle par la cohésion.

Dans l'esprit aussi, les actes qui semblent dériver du sentiment seul, ne doivent, lorsqu'ils aboutissent, être attribués exclusivement ni à l'intelligence, ni au sentiment, mais à l'entente cordiale de ces deux agents. L'intelligence et le sentiment ont sur nos affections les plus chères une influence égale, bien que différente. Le sentiment provoque l'éclosion des affections, l'intelligence veille et pourvoit à leur durée. Notre amour se manifeste et s'accroît, non-seulement dans la proportion de nos bienfaits, mais aussi dans celle de leur efficacité. Le spectacle du bonheur que nous donnons ravit notre cœur et le fait déborder. Si le dévouement, le besoin de s'attacher et d'aimer sont le fait du sentiment, la nécessité de limiter le rayon de nos dévouements pour qu'ils soient efficaces et encourageants pour le cœur, est comprise et prescrite par l'intelligence seule. C'est à regret que le cœur se soumet aux restrictions dictées par l'intelligence, mais il n'a pas le droit de régner sans partage sur l'esprit humain. L'intelligence revendique son droit d'émettre des considérations qui viennent faire équilibre aux tendances illimitées du sentiment, et peser par moitié dans la détermination des actes. Chaque fois que l'intelligence use de son droit dans une mesure équitable, c'est pour le plus grand bien du sentiment, car tout ce que la prudence calculée de l'intelligence fait perdre à l'amour en diffusion débilitante, elle le lui fait gagner en intensité.

Dans la matière, comme dans l'esprit, chaque fois que la participation de chacun des deux principes qui se font opposition s'équilibre convenablement, l'opération est normale. Si l'équilibre ne se fait point, c'est-à-dire si l'un ou l'autre des deux principes s'impose à l'autre et l'absorbe, l'opération est subversive.

Nous signalerons encore un résultat qui se présente sans que nous l'ayons cherché. C'est que la comparaison réciproque des mouvements de l'âme et des mouvements des astres si parfaitement analogues, éclaire d'un jour nouveau les rapports qui existent entre les astres. Jusqu'ici l'esprit humain avait deviné les forces de pesanteur et de projection, d'attraction et de cohésion, de répulsion et d'affinité, c'est-à-dire les forces diverses qui sont nécessaires pour expliquer rationnellement le double mouvement de la terre. Mais ces diverses forces qu'on ne peut vérifier sur place étaient restées à l'état d'hypothèses, faute d'une interprétation qui les rattachât analogiquement à quelque réalité du domaine de l'observation directe. La démonstration expérimentale qui ne pouvait être faite directement sur les astres, nous a été fournie par l'observation de ce qui se passe dans l'esprit humain. Les termes hypothétiques qui servaient à expliquer les mouvements des astres d'une manière assez satisfaisante pour que personne ne songeât à y opposer le moindre doute, reçoivent une consécration définitive de leur parfaite similitude avec les faits psychologiques dont ils sont en effet les symboles naturels.

Les trois forces complexes de la matière composées comme suit : concentration et attraction, dilatation et cohésion, répulsion et affinité, bien comprises dans leur mode d'activité, simplifient ce qui reste à dire pour établir que les astres trouvent en eux-mêmes le principe de leur mouvement de rotation et de translation. Nous revenons à cette question importante qui, pour être résolue et comprise plus facilement, devait être précédée des développements que nous venons de donner.

La force de concentration et de pesanteur d'un corps céleste peut être représentée par une ligne droite qui de la circonférence aboutirait au centre. La force de dilatation et de projection est, au contraire, une ligne droite qui du centre atteindrait la circonférence. Le produit de ces deux forces réagissant l'une sur l'autre, c'est-à-dire du centre à la circonférence, imprime à la terre son mouvement de rotation. Cette impulsion part évidemment de l'intérieur, du dedans, puisque c'est dans l'intérieur même de la terre que se trouvent les forces de concentration et de pesanteur, de dilatation et de projection dont les réactions mutuelles sont le principe, la cause de sa rotation.

Il faut maintenant établir que la terre en accomplissant sa révolution autour du soleil, suit sa propre tendance, comme cela vient d'être démontré pour sa rotation, et que l'influence qu'elle subit de l'extérieur, ne s'impose point à elle despotiquement, mais qu'elle la discute, qu'elle lui résiste avec beaucoup d'opportunité, et qu'enfin le débat se termine par des concessions réciproques et égales qui témoignent que la terre n'est nullement asservie.

Au préalable, nous signalerons deux faits évidents, c'est que lorsque deux corps célestes sont en présence, il y a incompatibilité ou répulsion entre la force attractive de chacun d'eux et affinité entre leurs forces opposées, l'attraction et la dilatation. Deux forces attractives partant de deux points différents ne peuvent en effet agir que contradictoirement, chacune des deux forces tire à soi, c'est-à-dire dans le sens de son centre. *Ces deux forces ne se repoussent point, elles s'écartent, c'est là ce qu'il faut entendre par le mot répulsion.* Les forces attractives obligent les corps qu'elles occupent respectivement de se tenir à distance et distincts. C'est que la force attractive et la force de concentration constituent le principe individualiste, le principe qui sépare et rend indivis. Régis de part et d'autre par les seules forces de concentration et d'attraction les corps s'isoleraient complètement, ils deviendraient incohérents et impropres à former un tout harmonieux et solidaire. Mais la force attractive a de l'affinité avec la dilatation des corps opposés, et c'est l'affinité réciproque qui existe entre ces deux forces des corps co-présents qui établit entr'eux une réciprocité de rapports qui les relie sans les confondre et les groupe en systèmes.

Rappelons encore que, pour chaque corps

céleste, il y a à l'intérieur équilibre entre la force de concentration et celle de dilatation, et à l'extérieur, équilibre entre la force attractive et la force de dilatation. Ces deux dernières forces partant du même corps et étant proportionnelles à la masse d'où elles s'échappent atteignent nécessairement le même point. Au-delà de ce point, la force attractive n'a plus aucune influence. Quant à la force de dilatation, arrivée à sa limite, soit intérieure, soit extérieure, elle acquiert une force de cohésion qui, dans le premier cas, l'unit solidairement à la concentration du corps dont elle fait partie, et dans le second cas, à la force attractive d'un corps opposé.

Dans la co-présence du soleil et de la terre, la force d'attraction et celle de dilatation de chacun d'eux, se recherchent et s'unissent par voie de croisement. La force de dilatation de chacun d'eux cimente l'union par la cohésion. Par le fait de son acquiescement, de sa cohésion, la force de dilatation ne s'appartient plus; elle s'abandonne et cède à l'attraction du corps opposé à laquelle elle s'est unie spontanément.

L'attraction plus grande du soleil domine et annule celle de la terre. La terre est alors attirée vers le soleil de tout le développement qu'a pris à l'extérieur sa force de dilatation. Cet avantage obtenu par l'attraction prépondérante du soleil absorbe toute la force de dilatation extérieure de la terre. L'attraction du soleil ne trouve plus alors à s'exercer qu'à la circonférence, au for intérieur de la terre, au vif de la force de concentration.

L'attraction de la terre a dû céder à l'attraction supérieure du soleil. Mais la force de concentration a une intensité qui dépasse de beaucoup celle de la force d'attraction. De sorte que l'attraction du soleil, et la concentration terrestre renforcée encore par sa force attractive qui a dû se replier sur elle-même, sont deux forces égales, celle-ci est plus condensée, celle-là plus étendue. L'effectif de chacune de ces deux forces est donc équivalent, l'une ne saurait dominer l'autre. En outre il n'existe aucune affinité entre la force de concentration terrestre et la force attractive solaire. Ces deux forces partant de deux points différents agissent contradictoirement. La force attractive du soleil attire à soi, la force de concentration de la terre tire également de son côté. Ces deux forces tirent donc chacune dans un sens opposé, elles sont incompatibles. Mais à la force de concentration de la terre est unie une somme équivalente de force de dilatation intérieure qui offre de la prise à l'attraction solaire, et c'est sur elle que l'attraction du soleil se porte exclusivement. La terre menacée dans ses derniers retranchements résiste énergiquement dans le sens de sa ligne de concentration ou de pesanteur.

Cette force de concentration et la force de dilatation intérieure sont, du centre à la circonférence, dans un si parfait équilibre, qu'elles sont liées par l'affinité. La fonction de l'affinité est de déterminer et de maintenir l'équilibre entre deux forces opposées. L'équilibre une fois établi, les deux forces contractantes sont unies solidairement, l'une ne peut céder sans que l'autre cède dans la même mesure. Sous l'influence de la force attractive du soleil, la force de dilatation terrestre et intérieure s'efforce d'entraîner la terre dans le sens de la projection. La force de concentration résiste dans le sens de la ligne de pesanteur. Mais ses efforts sont vains, elle ne peut arrêter l'essor de la force de dilatation intérieure dont la puissance, égale à la sienne, est surexcitée par les sollicitations attractives du soleil. La force de concentration obligée de céder s'attache alors pas à pas à la force de dilatation, elle la suit obstinément pour la guider et l'empêcher de s'absorber dans le soleil. Tout ce qu'elle lui octroie, c'est de cotoyer les confins de l'attraction solaire. La dilatation se soumet docilement à cette réserve austère, mais prudente, qui la préserve d'un danger imminent qu'il ne lui est pas donné d'apercevoir. Elle modère sa marche projective, elle longe les extrémités de l'attraction solaire, elle tourne enfin autour du soleil, ayant entre elle et lui l'espace occupé par l'attraction solaire. Dans cette lutte, la force de dilatation intérieure et la force de concentration de la terre se font de mutuelles concessions et elles s'équilibrent à l'extérieur. De leur commune action s'exerçant extérieurement sur la terre surgit une force qui oblige la terre à décrire une ligne d'un aspect nouveau. Cette ligne n'est exclusivement ni la ligne de concentration et de pesanteur, ni celle de dilatation et de projection, mais le produit de ces deux lignes, qui, en raison de la parfaite équivalence de leur nature intime, s'équilibrent sous le rapport quantitatif, se concilient, à l'extérieur et donnent naissance à une troisième ligne participant de l'une et de l'autre, c'est la ligne circulaire, celle que la terre décrit autour du soleil.

Maintenant il faut considérer que la force de dilatation de la terre est allée spontanément au-devant de la force attractive du soleil ; qu'elle s'est unie à l'attraction solaire par la cohésion, que cette cohésion qui est le fait propre de la force de dilatation de la terre est ce qui a donné prise à l'attraction solaire. Il est donc évident que la terre en s'avançant vers le soleil a obéi à sa propre tendance. Ce qui le confirme encore, c'est qu'elle a résisté au moment où l'attraction solaire l'attaquant à sa circonférence menaçait de l'absorber. Dans ce moment de suprême péril, la terre a résisté, et une transaction s'est faite entre elle et le soleil. La terre s'est réservé la liberté de son allure propre, c'est-à-dire son mouvement de rotation, mais elle a consenti à se faire le satellite du soleil qui, en échange de cet hommage qui consacre sa suprématie et son autorité, déverse à la terre, par l'intermédiaire de sa force de dilatation, des torrents de lumière et de chaleur qui l'éclairent et la fécondent. Ce compromis passé entre le soleil et la terre pour le plus grand avantage de chacun d'eux, permet de conjecturer par analogie qu'une parfaite bonne entente, profitable de part et d'autre, peut toujours s'établir entre l'autorité et la liberté individuelle. Pour cela, il suffit que ces deux principes, au lieu de s'exclure réciproquement, consentent à se faire des concessions réciproques et égales.

C'est enveloppé d'un rayon lumineux que la chaleur parvient à la terre. Privée de ce guide tutélaire la chaleur s'éparpillerait dans l'espace et n'arriverait point jusqu'à la terre. La chaleur, comme le sentiment, provoque l'action, donne l'impulsion, mais la lumière et l'intelligence, chacune dans leur circonscription, peuvent seules donner à l'action une direction qui la conduise à bonne fin.

Entre le soleil et la terre, la transaction s'est faite une fois pour toutes. Chez les hommes, il n'en est pas de même, la nécessité de nouvelles transactions se fait fréquemment sentir et trop souvent elles sont achetées par des luttes longues et calamiteuses. La raison de cette différence est facile à saisir. Le soleil et la terre, en tant que corps matériels, sont inertes et stables dans leurs allures et leur manière d'être. Il n'est donc pas nécessaire qu'ils changent rien à leurs mutuels engagements et par suite de leur inertie, ils y sont fidèles, ce qui suffit pour maintenir l'harmonie parmi eux. Si l'harmonie ne règne pas dans les sociétés humaines avec la même permanence, c'est que les hommes sont progressifs dans leurs acquisitions intellectuelles et matérielles, et toujours trop lents à modifier proportionnellement leurs engagements vieillis et rétrogrades. Chaque nouveau progrès humain rompt l'équilibre obtenu précédemment, et l'équilibre rompu, s'il n'est promptement rétabli, provoque les luttes et l'anarchie.

Ainsi rien d'extérieur ne vient imposer à la terre son mouvement de rotation. Ce mouvement est le produit des réactions réciproques des forces de concentration, ligne de pesanteur, et de dilatation, ligne de projection, qui lui sont inhérentes. Quant à la révolution de la terre autour du soleil, elle est en partie déterminée par l'attraction du soleil. Si cette attraction manquait à la force de dilatation terrestre, celle-ci pourrait se diriger d'un autre côté, s'éparpiller même dans l'espace jusqu'à complète disparition. D'un autre côté, toutes les tentatives de l'attraction solaire resteraient infructueuses, si elles ne rencontraient dans le for intérieur même de la terre un adepte spontané, c'est-à-dire la force de dilatation, ligne de projection, qui y est renfermée. Cette force de dilatation, ligne de projection, doit être considérée comme le moteur en premier chef, le seul puissant à donner à la terre la première impulsion. Par cela même que cette force de dilatation fait partie intégrante de la terre, celle-ci est censée agir en vertu d'une force qui lui est inhérente. La terre néanmoins ne cède à cette impulsion interne de la dilatation que dans la mesure qui peut lui procurer le plus grand bien. Au moment précis où un pas de plus pourrait compromettre son indépendance, et même son existence, la terre résiste à sa force de dilatation et conjure le danger par un suprême appel à sa force de concentration.

L'équilibre s'établit alors entre ces deux forces et donne pour résultat la ligne circulaire.

La concentration, la dilatation, l'affinité et leurs antidotes ou compléments respectifs l'attraction, la cohésion et la répulsion ou incompatibilité étant des manifestations inhérentes à la terre, celle-ci, en passant des unes aux autres, agit en vertu de ses propres forces, ce qui est un signe indiscutable de liberté.

La terre, tirant toutes ses impulsions de son sein, est libre, ce qui confirme, par voie d'analogie, ce que nous avons déjà constaté en analysant l'esprit, que l'esprit aussi tire ses impulsions de son propre fonds, conséquemment qu'il agit librement.

Tirer toutes ses impulsions de son propre fonds est le seul indice de liberté représenté symboliquement dans l'ordre matériel. L'esprit, qui est d'une nature plus riche et plus élevée, doit nécessairement en recéler d'autres encore dont la matière est privée. C'est ce qu'il importe de rechercher et de préciser. Il est nécessaire pour cela de définir ce qu'il faut entendre par *la loi*.

Tout ce qui est doit l'existence à l'accomplissement de sa loi. La loi de la force de concentration, c'est de se replier sur soi ; celle de la force de dilatation, c'est de se répandre au dehors. La loi crée la tendance, la manière d'être, le mode d'existence. Lorsque la loi s'éloigne, lorsqu'elle est enfreinte, la manière d'être s'altère et la vie s'amoindrit d'autant. Si l'infraction persiste et devient radicale, la mort s'ensuit.

La loi règle encore les rapports de force à force, d'individu à individu, de nation à nation, etc. La loi qui crée imprime à sa création la tendance à arriver à sa dernière limite, et la loi des rapports oblige les tendances contraires à diminuer de moitié leurs tendances illimitées, afin d'établir entre elles l'équilibre, qui est la condition de leur existence simultanée. La loi est donc tout à la fois une force créatrice et une force conservatrice. Elle est un nouvel exemple de cette rencontre des deux éléments opposés et connexes qui se trouvent au fond de tous les principes, et qui, en s'équilibrant, les affermissent.

Voyons maintenant à déterminer ce qui s'ajoute par surcroît à la liberté de l'esprit pour en déduire *une première différence* subsistant entre la loi de l'esprit et la loi de la matière.

Dans la matière, la concentration s'ignore, la dilatation est insensible, en un mot, ces deux forces sont inconscientes d'elles-mêmes, de leurs opérations et du but de leurs opérations. Privées de la connaissance et de la sensibilité qui, dans l'esprit, fournissent les motifs de détermination, la concentration et la dilatation sont inertes, sans volonté, et conséquemment radicalement incapables de s'imprimer à elles-mêmes une impulsion ou une manière d'être quelconque. A la volonté qui n'existe pas dans la matière se substitue la loi. Dans la matière, la loi fait partie constitutive de son objet, elle y tient lieu de volonté, elle y est enfin le principe agissant, mais non voulant, car il ne peut y avoir de volonté que où il y a conscience.

Par cela même que la force de concentration et celle de dilatation sont sans volonté, inertes, elles transmettent sans altération à la terre, qui elle-même est inerte, l'impulsion qu'elles subissent de la loi. Cette obéissance de la terre à l'impulsion donnée par la loi et transmise par les forces de concentration et de dilatation, n'infirme en rien la liberté que nous avons attribuée à la terre. Cette liberté réside tout entière dans ce point capital que la terre n'ait à suivre que ses propres tendances. Or, la loi fait partie constitutive de la matière, elle y est le principe agissant, mais inconscient et inerte, tenant lieu de la volonté absente. Donc en obéissant à la loi, la terre obéit à une force qui est en elle, qui fait partie d'elle, et non à une force étrangère et extérieure. Dans son mouvement de rotation et dans son mouvement de translation, la terre obéit tout à la fois à ses propres tendances et à la loi, ce qui pour elle est tout un. Elle est donc libre, car suivre ses propres tendances est la marque caractéristique de la liberté.

Les facultés de l'esprit correspondant au froid, principe de concentration et de pesanteur et au chaud, principe de dilatation et de projection, sont l'intelligence et le sentiment. Ces deux facultés, intelligence et sentiment, à l'opposé du froid et du chaud, sont conscientes d'elles-mêmes, de leurs opérations et du but de leurs opérations. Cette triple connaissance les rend aptes à délibérer et à se soumettre à la loi des rapports, ou à s'y dérober. Soumis ou réfractaires à la loi, l'intelligence et le sentiment s'en réfèrent à la volonté, principe agissant qui a conscience de l'intelligence, du sentiment et de la loi, et qui prononce, en dernier ressort, sur leurs débats. Sous l'influence des sollicitations de l'intelligence et du sentiment, *la volonté prend le pas sur la loi et s'y substitue. La loi, pour l'esprit est objet de connaissance, objet extérieur.* La volonté n'est asservie ni aux tendances de l'intelligence ou du sentiment, ni au jugement de la conscience, ni à la loi. La règle de la volonté, c'est d'acquiescer au vœu de la manière d'être dominante de l'individu, que ce vœu soit conforme ou non aux prescriptions de la loi. Toute la valeur morale de l'individu est ainsi dévoilée par l'option de sa volonté.

Cette latitude laissée à l'esprit d'agir conformément ou contradictoirement à la loi, laquelle n'est pour lui qu'un objet de connaissance, un objet extérieur, est précisément ce qui constitue le libre arbitre. Le libre arbitre est le caractère distinctif de la liberté de l'esprit. Cette liberté d'ordre supérieur est la conséquence immédiate du caractère conscient dont l'esprit est doué.

Sous l'inspiration de la manière d'être dominante de l'individu, la volonté à son gré contrevient ou se conforme à la loi. Parfois, elle établit dans le for intérieur de l'individu et dans le sein des sociétés humaines un équilibre normal entre l'intelligence et le sentiment, l'individualisme et la philanthropie, la liberté et l'autorité. D'autres fois, la volonté laisse prendre à l'un ou l'autre de ces principes, à l'égard de celui qui lui est opposé, une prépondérance qui rompt l'équilibre et qui devient un principe de décadence et de ruine pour l'individu et pour les nations.

Contrairement à ce qui se passe dans l'esprit, le froid et le chaud et leurs dérivés, la concentration et la pesanteur, la dilatation et la projection étant inconscients et par suite sans volonté, leur équilibre s'établit nécessairement sous la double pression de leur propre manière d'être et de la loi, elle-même inconsciente, partant inerte et inflexible. L'inviolabilité de la loi dans la matière est démontrée par la physique, la chimie et l'astronomie. Toute la certitude de ces sciences repose, en effet, sur la parfaite docilité de la matière à la loi de l'équilibre qui la régit, et jusqu'ici cette docilité ne s'est point démentie.

Pour nous résumer, l'opposition des caractères respectifs de l'esprit et de l'atome détermine dans la loi, selon qu'elle se rapporte à l'homme ou à la matière, cette *première différence* que pour l'homme conscient et doué du libre arbitre, *la loi est facultative,* tandis que pour la matière qui est inerte, c'est-à-dire inconsciente et sans volonté, *la loi est fatale, inviolable.*

Le libre arbitre ou faculté laissée à l'homme de se conformer ou de contrevenir à la loi ne détruit en rien l'absolutisme de ce commandement fondamental de la loi: maintenir en équilibre, ou ce qui revient au même, maintenir équivalents les principes opposés et connexes ; tout acte de l'esprit qui s'accomplit en dehors de cette condition est réputé illégal, et comme tel, il est répréhensible.

Quant à la matière, ses actes ou opérations

sont toujours légaux, conformes à la loi de l'équilibre, puisque dans aucun cas elle ne peut enfreindre cette loi. Les irrégularités que l'on remarque fréquemment dans chacune des circonscriptions de la matière ne prouvent en effet rien contre la ponctualité de la matière à se conformer à la loi de l'équilibre. Des causes fortuites, étrangères peuvent survenir, s'ajouter aux causes normales, lesquelles alors agissent autrement qu'elles ne le font, lorsqu'elles n'ont point à subir le contact des causes étrangères, mais elles agissent néanmoins sous les nouvelles conditions qui leur sont faites d'après leur loi, elles obéissent strictement à la loi de l'équilibre. En effet, les éléments, tant étrangers que normaux, s'équilibrent entre eux et concourent dans des proportions équivalentes à la formation du corps composé dont ils sont les éléments constitutifs. Cela est si vrai, que lorsque deux ou plusieurs éléments de substance pouvant se combiner viennent à se mettre en contact dans des proportions inégales, la combinaison ne s'opère que sur des quantités équivalentes de chacun des éléments coopératifs; l'excédent de l'un ou de plusieurs des éléments ne se combine point, il reste intact, sans emploi.

Cette même équivalence n'existe pas toujours entre les principes ou facultés de l'esprit, lorsqu'ils entrent en rapport et produisent des actes. Tantôt c'est l'individualisme qui prend dans les actes des hommes une proportion si exagérée qu'il ne laisse point ou peu de place à la philanthropie. D'autres fois c'est la philanthropie qui méconnaît les droits de l'individualisme jusqu'à imposer à l'homme le renoncement. Dans l'un et l'autre cas, l'acte qui en résulte est illégal, et dans ses dernières conséquences toujours malfaisant.

Ce qui cause la malfaisance des actes humains, c'est donc l'exclusivisme, le défaut d'équilibre et d'équivalence de concours des facultés et des principes de l'esprit participant à la réalisation de l'acte.

L'exclusivisme n'est pas possible dans les actes ou combinaisons des éléments de la substance, il ne peut y avoir de combinaison et de produit qu'autant que les éléments qui y concourent sont en quantités équivalentes. Un produit de divers éléments de substance est toujours un produit d'éléments équilibrés. Si dans le produit il y a irrégularité bienfaisante ou malfaisante, cette irrégularité doit être attribuée à la part du concours de quelque élément étranger et non à la violation de la loi de l'équilibre qui, fatalement dans la matière, suit son cours, soit qu'elle opère sur des éléments habituels seuls, soit qu'elle ait à combiner simultanément des éléments habituels et des éléments accidentels.

L'exclusivisme, possible dans les actes des hommes, relève directement de l'esprit qui, à son gré, se conforme à la loi de l'équilibre ou s'y refuse pour s'abandonner à l'exclusivisme. La malfaisance des actes humains causée par l'exclusivisme est donc imputable au dedans, à l'esprit. Tandis que l'irrégularité des produits, dans les diverses circonscriptions de la matière, vient du dehors, c'est-à-dire des causes ou éléments étrangers et fortuits qui s'imposent, et viennent prendre dans les combinaisons une part de concours équivalente à celle de chacun des éléments habituels.

CHAPITRE V.

Réponse à deux objections capitales faites au libre arbitre de l'homme : la prescience de Dieu et la puissance des motifs.

On oppose souvent au libre arbitre de l'homme *la prescience de Dieu* et *la puissance des motifs*. Ces deux objections méritent d'être examinées.

Voici la teneur de l'objection fondée sur la prescience de Dieu : *refuser à Dieu la faculté de prévoir l'avenir, c'est mettre des bornes à sa puissance. D'un autre côté, si Dieu prévoit les actes des hommes, ceux-ci ne peuvent que fatalement les accomplir. Donc ou l'homme n'est pas libre, ou Dieu ne prévoit pas l'avenir, il n'est pas tout-puissant.*

Ce raisonnement est captieux et peut être réfuté par un autre raisonnement tout aussi pressant et qui donne pour conclusion que douter du libre arbitre de l'homme, c'est encore douter de la puissance de Dieu. En effet, le complément obligé et le couronnement de l'œuvre de la création, c'est l'homme célébrant la gloire de Dieu et lui faisant hommage de son être. Mais quels sont les hommages les plus dignes de l'Être suprême ? Seraient-ce ceux qui sont dictés par une force aveugle que Dieu aurait placée dans l'homme, ou ceux qui s'élèvent d'une âme capable de le comprendre, et puisant dans cette connaissance un immense besoin de le célébrer et de l'adorer ? La prescience de Dieu ne saurait être mise en doute ; mais avancer qu'elle fait obstacle à la liberté de l'homme, c'est défier Dieu de créer l'homme capable de lui rendre l'hommage le plus conforme à sa grandeur. C'est croire que Dieu ne peut créer, comme les hommes le font, que des machines plus ou moins bien organisées et fonctionnant par des moyens purement mécanicochimiques, c'est enfin, comme dans l'objection de la prescience divine, mettre des bornes à la puissance de Dieu. Quant à nous, nous croyons à la simultanéité de la prescience de Dieu et du libre arbitre de l'homme, comme à deux principes qui se font opposition et dont le mode et la possibilité de la conciliation échappent encore à notre compréhension.

Il est à remarquer que le principe de la dualité, impliquant la possibilité de la conciliation de toutes les oppositions, offrira, lorsqu'il sera reconnu constant et universel, pour la solution affirmative de la conciliation harmonique de la prescience de Dieu et du libre arbitre de l'homme, un point d'appui très-important et vers lequel on se sent de plus en plus attiré par la prévision des inconvénients qui résulteraient de la négation du libre arbitre de l'homme.

Nier le libre arbitre de l'homme, c'est en effet effacer toute distinction entre la vertu et le vice, c'est enlever à l'homme le mérite et le démérite de ses actes, c'est priver son activé des nobles stimulants qu'il puise dans le sentiment de sa dignité et de sa responsabilité et le livrer sans contre-poids aux pernicieuses suggestions du mal. C'est enfin anéantir le sens moral, c'est-à-dire le fondement sur lequel s'édifient les sociétés humaines. Le sens moral éteint, la notion du devoir disparaît pour ne laisser subsister que celle du droit. L'homme régi par la seule notion du droit, prend insensiblement l'égoïsme pour règle de conduite, l'isolement pour mode d'existence, et de chute en chute, il arrive à ne s'inspirer que du seul sens matériel, toutes choses qui l'assimilent aux animaux. Toujours le droit qui n'est pas tempéré par le devoir devient mortel à la société, et celle-ci, en disparaissant, enlève à l'individu les nombreuses ressources qu'elle lui offrait pour progresser.

En présence du dilemme des conséquences

démoralisatrices qui découleraient de la négation du libre arbitre et de la difficulté d'admettra simultanément *la prescience de Dieu* et *le libre arbitre de l'homme*, l'intelligence qui n'affirme rien, tant que quelque côté des questions est inexpliqué, resterait indéfiniment irrésolue, si le sentiment ne lui venait en aide. Le propre du sentiment c'est d'adhérer spontanément et instinctivement aux vérités nécessaires de l'ordre moral. La prescience de Dieu et le libre abitre de l'homme sont au même degré des vérités morales nécessaires. Le sentiment n'en démontre ni l'existence, ni la simultanéité, il les affirme simplement et irréductiblement. Cette affirmation s'impose à l'intelligence, et tout homme doit l'accepter et lui donner la valeur d'une révélation permanente implantée dans le cœur par Dieu, pour suppléer à l'intelligence humaine.

Chaque fois que l'intelligence aboutit à une conclusion qui tend à affaiblir le sens moral, tenons pour certain que cette conclusion est un leurre et le fruit regrettable d'un raisonnement mal fondé. Pour être dans le vrai, toute conclusion doit rallier les sympathies du principe intelligent et celles du principe moral. Ces deux principes sont excellemment spiritualistes, et comme tels, ils sont équivalents et au même degré indispensables et bienfaisants. Chacun d'eux, à son tour, obvie à l'insuffisance de l'autre. L'adhésion du sentiment toujours spontanée et irréfléchie a besoin d'être contrôlée et confirmée par l'intelligence. L'intelligence, à son tour, par le fait de sa faillibilité, n'est pas toujours apte à se rendre véridiquement compte de tout. Lorsque l'intelligence est inhabile à découvrir la raison de ce qu'elle s'efforce de connaître, elle l'explique subversivement. Tout raisonnement subversif porte une atteinte plus ou moins grande au sens moral. Le sentiment méconnu dans ses tendances fait divorce avec l'intelligence, il ne consent plus à se laisser guider par elle, il porte son attention vers les aspirations spontanées et instinctives qu'il puise dans son propre fonds et il y acquiesce aveuglément. La foi du sentiment est sainte et contagieuse. Les masses sont pour elle, car elle est à la portée des plus simples, comme à celle des plus intelligents.

Devant les protestations d'une imposante majorité mue par le sentiment, et les conséquences démoralisatrices des dénégations ineptes de l'intelligence, l'homme doit se recueillir, se rendre à l'évidence et reconnaître que si ses investigations sur le comment, le pourquoi et la validité de beaucoup de vérités, les éclairent et les affermissent, il en est d'autres qui échappent longtemps à ses appréciations systématiques les plus étudiées. Toutefois les raisonnements erronés de l'intelligence ne compromettent jamais que momentanément, et dans une mesure restreinte, les vérités nécessaires de l'ordre moral, car ces vérités empruntent une ténacité invincible à la foi spontanée, sainte et irréductible du sentiment.

Bien que l'homme soit libre, sa liberté n'est cependant point encore une liberté absolue. La loi qui a son principe en Dieu, et dont l'accomplissement est la condition de toute vie et de toute félicité, est antérieure à l'homme. L'homme a été créé pour vivre sous le régime de la loi, et l'obéissance à la loi est restée pour lui la condition de sa vie et de sa félicité.

Le mauvais emploi que l'homme fait de sa liberté engendre des maux qui entravent son libre arbitre. Les souffrances, les calamités qui suivent les infractions à la loi, violentent l'homme, elles l'obligent à rentrer dans la voie légale chaque fois qu'il s'en écarte, et à soumettre sa volonté aux prescriptions de la loi. Ici éclate avec évidence l'absence de toute pression directe de la part de Dieu sur la liberté de l'homme : la loi vient de Dieu, et l'homme à son gré l'enfreint ou s'y soumet; les infractions à la loi sont le fait de l'homme, et ce sont précisément les infractions qui entraînent à leur suite les souffrances et les calamités qui viennent faire obstacle à la liberté dévoyée, et faire accepter à l'homme le frein salutaire de la loi. Pour prévenir les défaillances de l'homme, il eût suffi à Dieu de l'asservir irrévocablement à la loi, comme la matière l'est elle-même. Mais Dieu a voulu créer l'homme libre et responsable, c'est pourquoi il l'a créé intelligent et sensible : intelligent afin qu'il pût chercher sa voie, sensible afin qu'il subît les conséquences de la bonne ou de la mauvaise voie suivie.

La condition fondamentale de la liberté absolue, c'est l'indépendance absolue; l'homme contingent et limité ne possède ni l'une ni l'autre. Dieu, principe nécessaire, primitif, éternel et par suite ne relevant de qui que ce soit, a seul le privilége d'une indépendance et d'une liberté absolues. *L'inviolabité de l'indépendance de Dieu est garantie par sa toute-puissance, et l'infaillibilité de sa liberté par sa toute-science.* De l'ensemble des perfections de Dieu émanent les motifs de ses actes. Ces motifs peuvent être considérés comme la loi de Dieu. Cette loi ne lui vient pas du dehors, c'est en lui-même, dans les motifs émanés de sa manière d'être que Dieu trouve sa loi, il est à lui-même sa loi. Dieu est donc tout à la fois et d'une manière absolue, indépendant et libre.

L'homme recevant de son Dieu la vie et la loi de sa vie, reste sous la dépendance de Dieu. Mais la dépendance n'exclut nécessairement la liberté que lorsque celui qui a puissance sur nous use de son pouvoir pour nous imposer arbitrairement ce qui lui plaît. C'est ce qui a lieu à l'égard de la matière, mais non à l'égard de l'homme que Dieu a créé à son image intelligent, sensible et conscient, afin que comme lui il pût être libre, et chose remarquable qui prouve une fois de plus l'absolutisme du principe de la liberté et de tous les principes quels qu'ils soient, la condition fondamentale de la liberté est respectée jusque dans la matière, car dans toutes ses opérations, la matière agit conformément à sa manière d'être, ce qui est la marque caractéristique de la liberté. La loi physique s'impose à la matière sans la violenter, bien au contraire elle est en parfaite concordance avec les agissements de la manière d'être inhérente à la matière, en voici la démonstration : l'esprit et la matière sont l'un et l'autre des composés de dualismes multiples ; les deux termes de tous les dualismes se font une opposition connexe, compatible ; ces deux termes sont, à l'égard l'un de l'autre, équivalents. C'est une équivalence de fond, d'essence, une équivalence inaliénable. De l'équivalence foncière et inaliénable des deux termes de la dualité résulte fatalement l'équivalence de leur activité et de leur concours respectifs dans les opérations de la matière, celle-ci n'ayant ni connaissance, ni sensibilité, ni conscience, ni volonté ne peut ni contrôler, ni délibérer, ni vouloir, par suite elle se livre spontanément à la pente de sa propre impulsion qui l'entraîne à maintenir l'équivalence foncière de ses tendances opposées et connexes par l'équivalence de leur activité et de leur concours respectifs, ce qui est précisément le commandement de la loi une et universelle, commune à l'esprit et à la matière.

La loi physique, dérivatif de la manière d'être de la matière, lui tient lieu de volonté et à ce titre, elle fait partie constitutive de la matière. Elle y est le principe agissant, mais inconscient et inerte ratifiant invariablement l'impulsion égalitaire des tendances opposées et connexes de la matière. La matière est à l'égard de Dieu ce qu'une machine ingénieuse est à l'égard de son inventeur. Celui-ci crée des dispositions qui imprime à sa machine une impulsion qui fait loi et qui une fois donnée se maintient dans la mesure de la force émise.

L'équivalence foncière et inaliénable des principes opposés et connexes des dualismes de l'esprit prédispose l'homme et le rend apte à se conformer à la loi de l'équilibre ou équivalence d'activité et de concours des principes requis. Mais contrairement à ce qui se passe dans la matière, la loi ne fait pas partie constitutive de l'esprit, elle ne s'y impose pas fatalement, elle ne se substitue pas à la volonté, elle n'est qu'une règle qui lui vient du dehors, de Dieu qui l'a gravée dans le sens intime de l'homme, dans la conscience, à titre de renseignement, et la volonté, principe excellemment conscient et libre, à son gré, se conforme à la loi ou l'enfreint.

Le point de départ de l'impulsion imprimée par la volonté du Créateur dans l'esprit humain et dans la matière, c'est l'équivalence foncière et inaliénable des deux termes de la dualité. Cette équivalence foncière est en parfaite connexion avec la loi qui, dans l'esprit et dans la matière, exige l'équivalence de l'activité et du concours des principes opposés. Dans la matière qui est inerte, c'est-à-dire sans conscience et sans volonté, l'équivalence foncière des principes opposés donne pour conséquence naturelle l'équivalence d'activité et de concours, et si dans l'esprit, cette même équivalence d'activité et de concours est fréquemment enfreinte, c'est parce que l'homme, au rebours de ce qui existe dans la matière, est conscient, libre et faillible.

La prédisposition et l'aptitude inhérentes à l'esprit humain et à la matière de se conformer à la loi de l'équilibre, par suite de l'équilibre ou équivalence de leurs principes constitutifs, est précisément ce qui consacre la loi morale et la loi physique dont le commandement fondamental, pour l'esprit et pour la matière, prescrit l'équilibre d'activité et de concours des principes opposés et connexes, afin que l'équilibre foncier ne subisse aucune altération.

L'homme est non-seulement libre, mais il est encore responsable; le sentiment, l'intelligence, la conscience, interprète compétente de la loi, et la logique intuitive inhérente à l'esprit humain lui fournissent des lumières et des directions pour le guider dans sa voie. Puis les conséquences bonnes ou mauvaises de ses actes le mettent encore en garde contre sa faillibilité, elles l'encouragent soit à persévérer dans la voie qu'il a choisie, soit à s'en détourner résolument.

Nous passons à la deuxième objection opposée au libre arbitre de l'homme, celle de *la puissance des motifs*.

Quelle est la cause qui détermine la volonté à opter dans le sens exclusif ou de l'intelligence, ou du sentiment, ou encore dans le sens de la conscience qui, avec plus ou moins de sûreté d'appréciation, se fait l'interprète de la loi? Convenons-en, ce qui paraît s'imposer à la volonté, ce sont les motifs. La connaissance de l'origine et de la formation des motifs est donc d'une utilité indispensable pour apprécier la part de liberté, et conséquemment de responsabilité laissée au libre arbitre dans les actes humains.

Les motifs rentrent dans la règle commune, ils sont un composé de deux principes opposés et connexes : la perception que l'esprit a d'un objet quelconque, spirituel ou matériel, et la délibération de l'esprit avec lui-même sur l'usage à faire de l'objet perçu. Il est manifeste que l'objet perçu est l'occasion du motif, mais l'éclosion du motif est due à la perception que l'esprit a de l'objet. Quant à la nature morale ou immorale du motif, elle relève directement de la manière d'être morale ou immorale de l'individu. Un exemple rendra ceci évident : deux hommes, l'un probe et l'autre improbe, rencontrent chacun de leur côté une bourse remplie d'or. Le premier met aussitôt autant de soin pour découvrir celui qui a perdu l'or, afin de le lui restituer, que l'autre en apporte à dissimuler sa trouvaille pour se l'approprier au préjudice du légitime possesseur. Dans cette double occurrence, il est manifeste que l'or a un rôle purement passif, et que l'esprit seul est actif et cause efficiente. S'il en était autrement, la rencontre de l'or aurait déterminé chez ces deux hommes un seul et même motif, un seul et même acte. Lorsque dans la délibération l'une des manières d'être de l'individu vient à l'emporter sur les autres manières d'être moins impératives, cette manière d'être dominante personnifiée par l'intelligence, le sentiment ou la conscience sollicite la volonté à opter pour ce qui lui paraît être le plus grand bien, et c'est cette appréciation plus ou moins rationnelle ou subversive qui arrête les irrésolutions de la volonté et détermine l'option. La manière d'être dominante de l'individu, voilà la cause excellemment déterminante de l'option de la volonté. C'est parce que la volonté accède à la manière d'être dominante du moment de l'individu, et qu'à son gré la volonté se conforme ou contrevient à la loi dont les sentences sont prononcées par la conscience, que l'on peut dire que l'homme possède le libre arbitre.

Les dispositions natives et le milieu ébauchent l'individu. Ce qui arrête les lignes et fixe la manière d'être dominante de l'individu, c'est l'emploi bon ou mauvais qu'il fait des facultés de son esprit, et le parti qu'il tire du milieu dans lequel il vit. L'individu est donc l'artisan principal de sa manière d'être. Dans une large mesure, nous nous rallions à Hégel qui a établi, avec un tact exquis des conditions qu'impliquent la liberté et la responsabilité, que *la nature de tout homme doit être son œuvre.*

Puisque la manière d'être de tout homme est son œuvre, et que chaque manière d'être individuelle provoque l'éclosion de motifs différents, il en ressort que lorsque l'homme agit en vue d'un motif quelconque, il agit sous l'influence d'un motif qu'il a fait naître, et qui n'a puissance sur lui qu'autant qu'il lui agrée. La préférence que l'individu accorde aux motifs est le principe de la puissance des motifs. Cette puissance relève donc, non des motifs, mais de la manière d'être dominante de l'individu. L'individu supportant la plus large part de responsabilité de sa manière d'être dominante, est donc responsable des motifs que sa manière d'être dominante lui suggère, de la préférence qu'il accorde à ces motifs, et des actes accomplis en vue des motifs préférés.

Ceux qui objectent que les motifs ou la puissance des motifs fait obstacle à la liberté, s'imaginent que la volonté pour entrer en activité, c'est-à-dire opter, se suffit à elle-même. La volonté, comme tous les principes, est doublée d'un deuxième principe sans lequel elle ne saurait se prononcer. La volonté n'agit que sous la pression des sollicitations, des motifs que suggèrent l'intelligence, le sentiment, la conscience et la manière d'être dominante de l'individu. Réciproquement les motifs ne peuvent surgir et n'ont de prise que où il y a conscience et volonté, ou plutôt aptitude à être conscient de ce que l'on veut et aptitude à vouloir. Si l'on supprime le motif et la conscience du motif, la volonté ne se prononce pas. Si l'on supprime la volonté, ou que l'on suppose que cette volonté est vacillante, sans fermeté, les motifs seront impuissants à lui donner l'impulsion et à la faire agir énergiquement. La volonté ne pouvant agir sans y être sollicitée, il ne faut pas faire consister la liberté de son action dans l'absence de tout motif, mais dans la libre acceptation du motif.

Outre les deux parties constitutives du motif que nous avons citées et qui relèvent de l'esprit, la perception et la délibération, le motif pour naître et être viable implique encore la coïncidence de deux autres principes opposés et connexes dont l'un est passif, l'autre actif, ces deux principes sont : le mobile ou l'objet perçu et l'acceptation du motif dont le mobile a été l'occasion. Le mobile ou l'objet perçu vient du dehors, l'acceptation vient du dedans, de l'esprit. Ce qui vient du dehors ne s'impose fatalement et rigoureusement que où il y a inconscience, mais l'esprit étant excellemment conscient domine, lorsqu'il s'y applique, tout ce qui lui vient du dehors.

Dieu est libre, parce que les motifs qui le portent à agir émanent de sa manière d'être. L'homme aussi est libre, en tant qu'esprit, et il l'est à la manière de Dieu. Comme Dieu, l'homme puise dans sa manière d'être dominante dont il est l'agent responsable, les motifs qui le font agir. Les motifs de Dieu sont toujours tout ce qu'ils doivent être, parce qu'ils émanent de la perfection même. Les motifs de l'homme sont au contraire faillibles, parce que l'homme est lui-même faillible, imparfait et qu'il n'a qu'une connaissance incomplète et souvent erronée de la loi et des objets qui réclament l'application de la loi. C'est précisément parce que l'homme est faillible, qu'il faut croire à son libre arbitre, car la conséquence immédiate d'une pression directe de Dieu sur la volonté de l'homme serait de le rendre infaillible, c'est-à-dire strict observateur de la loi.

La voie normale du libre arbitre, c'est de se soumettre aux décisions de la conscience et d'y conformer ses actes Toutefois si les actes étaient toujours conformes aux prescriptions de la conscience, on pourrait en conclure que la conscience s'impose mécaniquement et fatalement au libre arbitre. Mais si souvent la conscience n'est point écoutée, qu'il devient évident que, quel que soit le côté pour lequel le libre arbitre opte, ce qui détermine l'option, c'est la manière d'être dominante de l'individu dont le libre arbitre se fait le représentant.

La loi est donc facultative pour le libre arbitre, à son gré, il se soumet ou se dérobe au jugement de la conscience, mais il ne saurait échapper à cette conviction salutaire, innée en lui, que la conscience est un juge compétent et autorisé. Cette conviction devient, pour tout homme qui contrevient au jugement de sa conscience, le principe d'une peine cuisante, d'un tourment rongeur bien connu sous le nom de remords.

Dieu a institué la loi et il a placé dans le sens intime la conscience de la loi, non pour contraindre l'homme, mais pour obvier et faire contrepoids à sa faillibilité ; pour l'aider à combattre et à subordonner les instincts matériels aux instincts spirituels; pour le guider enfin dans la voie parsemée de difficultés qui doit le conduire à un but encore problématique, qu'il doit s'efforcer de déchiffrer, de poursuivre et d'atteindre. C'est donc librement que l'homme médite la loi, c'est librement qu'il obéit au commandement de la loi stipulé par la conscience, car le commandement de la loi est aimable, il correspond aux besoins supérieurs de l'âme.

Lorsque l'homme viole la loi, c'est alors qu'il n'est plus libre. Le mal dans lequel il débute fait briller à ses yeux des mirages trompeurs qui le séduisent et le détournent de la contemplation des beautés ravissantes de la loi. Comme le malheureux arrivé inopinément sur le bord d'un affreux précipice, se sent pris d'un vertige qui l'attire du côté de l'abîme et l'y précipite, en dépit de l'effroi qu'il lui inspire, de même celui qui cède aux premières séductions du vice, subit le joug de ses passions mauvaises qui l'entraînent violemment dans la servitude du mal.

Comme cela a été dit des forces qui gouvernent le monde extérieur, la vertu et le vice exercent sur les âmes une attraction proportionnelle à la masse des âmes qui s'y rallient respectivement, et en sens inverse des distances qui séparent les âmes du foyer du bien ou de celui du mal. C'est en effet du côté de la majorité que nous inclinons le plus volontiers. Plus aussi nous avançons dans la connaissance et dans la pratique du bien, plus nous nous familiarisons avec les suggestions et la pratique du mal, plus nous sommes entraînés à parcourir, jusqu'à la dernière limite, la voie bonne ou mauvaise dans laquelle nous sommes entrés.

Un répulsif cependant est attaché au vice, ce

sont les souffrances et les calamités qui en résultent inévitablement et qui, en réagissant sur l'homme, le sollicitent à rebrousser chemin. Le contraire arrive dans la pratique du bien, l'homme y rencontre sans doute parfois des difficultés, mais aussi de nombreux encouragements pour persévérer et surmonter les difficultés.

Les dernières conséquences de la vertu, toujours bienfaisantes, celles du vice, toujours désastreuses, impriment en dernière fin à l'humanité entière une tendance générale à progresser dans le bien, sans enlever à l'individu sa liberté d'action. Le même phénomène se reproduit dans le monde matériel, nous voyons la terre accomplir sa révolution autour du soleil, tout en maintenant son mouvement de rotation.

CHAPITRE VI.

La mutation universelle, c'est l'échange des particules de substance qui servent d'aliment à la matière. Cet échange se fait par voie *d'absorption* et de *résorption*, ce qui est analogue au fait de l'esprit exprimé par *donner* et *recevoir*. Deuxième différence entre la loi de l'esprit et la loi de la matière : *la matière doit donner autant qu'elle reçoit* par suite de son inertie qui la condamne à la stabilité ; *l'homme doit donner plus qu'il ne reçoit* parce que, en tant qu'esprit, il est apte à progresser et à produire plus qu'il ne consomme.

Le jeu des forces de concentration, ligne de pesanteur, et de dilatation, ligne de projection, qui détermine les mouvements réguliers des astres et fait régner l'harmonie dans les cieux, donne un deuxième résultat tout aussi considérable que celui de la marche imposante des corps célestes. C'est considéré à ce deuxième point de vue, que nous voulons de nouveau décrire le jeu des forces de concentration et de dilatation effectué dans la molécule dont les deux parties constitutives, l'atome et la substance, correspondent analogiquement aux deux natures de l'homme, l'esprit à la matière.

La molécule absorbe les particules de substance extérieure que sa force d'attraction attire à elle ; sa force de concentration les superpose en couches et leur fait successivement place en continuant son œuvre de concentration, de pression sur les couches inférieures, ce qui oblige celles-ci à se déplacer insensiblement dans la direction de la ligne de pesanteur qui, en aboutissant au centre, oblige la plus ancienne couche à déloger ; c'est alors que celle-ci rencontre un foyer de chaleur que nous supposons exister analogiquement dans le centre de la molécule qui est l'individu de la matière, ainsi que cela existe à l'égard du corps humain qui est l'individu matériel du genre humain. Ce foyer intérieur de chaleur de la molécule détermine la dilatation qui, opérant dans le sens de la projection sur la plus ancienne couche expulsée, se l'approprie, l'entraine avec elle et remonte jusqu'à la circonférence moléculaire en en disséminant la moitié le long de sa route. On le voit il y a dans la molécule échange de particules de substance et le moyen de transport, c'est le mouvement ou alternative des lignes de pesanteur et de projection inhérentes à l'atome.

Le même va et vient se reproduit à l'extérieur. La dilatation arrivée à la circonférence de la molécule s'échappe à l'extérieur entrainant avec elle la partie qui lui reste de l'ancienne couche expulsée et elle la résorbe à l'extérieur. Mais ce que la dilatation enlève à chaque molécule est remplacé, dans une égale mesure, par les aspirations attractives que ces mêmes molécules dirigent à l'extérieur. C'est ainsi que le même échange de particules de substance qui s'effectue dans l'intimité de la molécule se reproduit extérieurement de molécule à molécule. Ce que la dilatation de chaque molécule laisse échapper extérieurement est recueilli par l'attraction des autres molécules, lesquelles se l'assimilent par la condensation pour en faire un aliment approprié à leurs besoins, aliment dont la dilatation, en partant du centre, se fait la distributrice, tant à l'intérieur qu'à l'extérieur. Ces allées et venues et le résultat obtenu sont, dans la molécule, et de molécule à molécules, en tous points semblables au mouvement végétatif et au résultat atteint par le mouvement végétatif dans la plante. Comme la plante, la molécule tire de l'extérieur les substances qui l'alimentent et elle les rend à l'extérieur dans une égale mesure.

Le mouvement végétatif de la molécule que nous venons de dépeindre se reproduit dans toutes les circonscriptions de la matière : pour la molécule et les corps bruts ou moléculaires, il prend plus particulièrement le nom de mutation, pour les végétaux, celui de végétation et pour les corps animés, hommes et bêtes, celui de nutrition.

La mutation, la végétation et la nutrition ne sont qu'un seul et même fait, c'est l'échange des particules de substance servant d'alimentation dans l'ordre matériel.

Le mouvement végétatif commun aux diverses circonscriptions de l'ordre matériel est la reproduction symbolique de l'activité de l'esprit humain. L'homme aussi puise dans le milieu social des idées qu'il s'assimile et qui suscitent en lui de nouveaux aperçus dont, à son tour, il vient enrichir ce même milieu. Le mouvement végétatif est inhérent et indispensable à la vie de l'esprit, comme à celle de la matière. L'âme qui serait réduite à ses seules inspirations et à ses seules ressources s'immobiliserait et se débiliterait. De même aussi les molécules, les corps bruts, les végétaux et les corps animés que rien d'extérieur ne vient alimenter, se désagrègent et périssent inévitablement.

La mutation, la végétation et la nutrition, c'est-à-dire l'échange des particules de substance qui s'effectue dans la matière par une sorte de va et vient, au moyen de la force de concentration, ligne de pesanteur et de la force de dilatation, ligne de projection, est pleine de mystères. Nous en avons décrit la marche, mais cette marche conçue par l'esprit est inappréciable aux sens, ce qui ne lui donne droit qu'à une demi-certitude. Pour parfaire la certitude et faire cesser tous les doutes, nous citerons un exemple saisissable aux sens, du résultat de cette marche. Ce résultat aperçu par les sens sera la confirmation de la marche suivie que l'esprit conçoit et que les sens ne peuvent discerner. Cet exemple est tiré de l'ouvrage de M. Flourens, intitulé : *De la vie et de l'intelligence*, pages 16 et suivantes :

« Il y a dans la vie des forces qui gouvernent la matière. Lorsque j'étudie le développement d'un os, je vois successivement toutes les parties, toutes les molécules de cet os déposées et successivement résorbées ; aucune ne reste, toutes s'écoulent, toutes changent, et le mécanisme secret, le mécanisme intime de la formation de l'os est *la mutation continuelle de la matière*.

« J'ai démontré ce grand fait par trois ordres d'expérience.

« Dans le premier ordre de mes expériences, je soumets l'animal à une nourriture mêlée de garance. La garance a la singulière propriété de teindre les os en rouge . . . .
. . . .
« Si je soumets un jeune animal à la nourriture

ordinaire pendant un mois, puis au régime de la garance pendant un mois, puis, de nouveau, à la nourriture ordinaire pendant un mois, et puis enfin à un nouveau régime de garance pendant encore un mois, je trouve, à un moment donné, chacun de ses os longs composé de quatre cercles : le premier, ou le plus intérieur, blanc ; le second, placé sur le blanc, rouge ; le troisième, placé sur le rouge, blanc; et le quatrième, placé sur le blanc, rouge.

« La couleur des cercles superposés, me donne, avec précision, la date de chaque régime, et je vois toujours le cercle nouveau, c'est-à-dire le cercle formé pendant le dernier régime placé sur le cercle ancien, c'est-à-dire sur le cercle formé pendant le régime précédent : l'os s'accroît donc en grosseur du dedans au dehors, ou par couches, par cercles superposés.

« Mais poursuivons. Je trouve à un moment donné : un cercle blanc, tout à fait intérieur, et, sur ce cercle blanc, un cercle rouge, et, sur ce cercle rouge, un cercle blanc, et, sur ce cercle blanc, un cercle rouge.

« Je trouve cela à un *moment donné ;* un moment après, c'est tout autre chose ; le cercle *blanc* intérieur a disparu, et le cercle intérieur actuel est *rouge :* Qu'est devenu le cercle intérieur primitif, le cercle ancien ? Il a été résorbé.

« Je continue mon expérience. Bientôt le cercle intérieur est, de nouveau, blanc ; puis il est de nouveau, rouge ; puis il est de nouveau blanc, et alors tout ce qu'il y a d'os est blanc. Les quatre premiers cercles, alternativement blancs et rouges, ont donc été successivement résorbés, et tout ce qu'il y a d'os actuel, tout l'os actuel s'est formé depuis le dernier régime de la garance. Toute la matière de l'os a donc changé pendant mon expérience. ». . . . .

Le phénomène constaté par M. Flourens dans le corps animal correspond aux deux phases de l'alimentation, l'absorption et la résorption. C'est ce transport de l'alimentation effectué au moyen de la concentration, ligne de pesanteur et de la dilatation, ligne de projection que nous appelons mouvement végétatif. Considéré dans la généralité de son application aux molécules, aux corps bruts, aux végétaux et aux corps animés, le mouvement végétatif prend le nom de *Mutation universelle de la matière.*

Le double mouvement de concentration et de dilatation, en opérant le transport de l'alimentation par voie d'absorption et de résorption, pénètre dans l'intimité de la molécule, il en relie les diverses parties, il leur imprime de la fixité et en fait un ensemble, un tout, un individu appelé molécule. Le même va et vient se répète à l'extérieur, c'est-à-dire de chaque molécule aux molécules environnantes ou milieu ambiant. Dans ce dernier cas, la concentration et la dilatation relient encore et sans les confondre, chaque molécule aux molécules environnantes ou milieu ambiant. L'individualisme et la philanthropie ont exactement le même emploi dans les choses de l'esprit que la concentration et la dilatation dans les choses de la matière : l'individualisme fonde la personnalité de l'individu et pourvoit à ses besoins, quant à la philanthropie elle établit les mutuelles relations des individus sur la base du dévouement poussé parfois jusqu'à l'abnégation.

Le mouvement végétatif existe dans la molécule et de molécule à molécule. L'harmonieuse ordonnance de la terre qui est un composé de molécules fait présumer par induction analogique, que la terre elle-même est un tout, un individu, et que le mouvement végétatif accompli dans la molécule et de molécule à molécule, se reproduit en une seule émission dans l'intérieur de la terre, et de la terre à quelque autre grand centre qui ne peut être que le soleil.

Voici ce qui peut encore être allégué en faveur de l'hypothèse de la mutation permanente et universelle de la matière et de l'échange réciproque de la substance de la terre et de celle de soleil.

Le mouvement ou atome séparé de la substance ou manière d'être matérielle, est hors de la portée de nos sens, et réciproquement la substance ne devient visible et palpable qu'autant que son principe de vie, l'atome ou mouvement, s'unit à elle. En dehors de cette union, nous ne pouvons apercevoir ni l'atome ou mouvement, ni la substance ; celle-ci privée de son principe de vie rentre dans le néant. Puisque ni le mouvement, ni la substance ne peuvent être saisis par nos sens lorsqu'ils sont séparés, la perception que nous avons de la matière prouve la présence de l'atome ou principe de vie, et conséquemment, la présence du mouvement végétatif ou mutation permanente de la matière, lors même que cette mutation nous échappe *à priori*.

Ce qui fait que le mouvement, en soi invisible aux sens, devient appréciable en s'unissant à la substance, c'est qu'il entraine de l'intérieur à l'extérieur des parcelles de cette substance visible aux sens, et qu'il en ramène d'autres de l'extérieur à l'intérieur. Ce mouvement de va-et-vient subsiste d'une manière fort saisissable dans les végétaux et dans les corps animés. Il existe, sans nul doute, mais s'effectuant avec une lenteur extrême, jusque dans les corps bruts, car évidemment il y est le principe de leur vie, celui de leur formation et de leur caducité.

La théorie des analogies de l'esprit et de la matière vient encore confirmer la mutation universelle de la matière. L'échange des idées qui, dans l'humanité, s'effectue d'une extrémité de la terre à l'autre est un mouvement végétatif ou de va-et-vient de l'esprit qui implique la nécessité d'admettre, à titre de reproduction matérielle symbolique, la mutation permanente et universelle de la matière, de molécule à molécule, de centre à centre, et conséquemment de la terre au soleil *et vice versa*.

Le mouvement collectif et extérieur de l'esprit humain s'établit entre l'esprit humain et l'Esprit supérieur. Les superstitions, les erreurs et les abus qui disparaissent insensiblement des sociétés humaines peuvent être considérés comme des exhalaisons, des déjections qui s'échappent de l'esprit humain. Les idées avancées et neuves qui s'y substituent sont, au contraire, des révélations qui viennent d'en haut, révélations, non gratuites, mais achetées par de persévérants labeurs, et par le renoncement à ce qui est faux et injuste.

L'opposition et la permanence de l'activité de de la force de concentration, et de celle de la dilatation expliquent la continuité des évolutions végétatives de la matière. L'équivalence compensative de ces forces maintient la fixité du volume primitif de la matière. Cette fixité de volume a été constatée sur une petite échelle par l'expérience de M. Flourens. Les déperditions et les acquisitions se sont constamment balancées dans l'os observé. Ce qui prouve, en déduction de ce principe de la méthode analogique, que tout ce qui se passe dans les fractions se reproduit dans les totaux, que depuis le commencement des temps le volume de la matière n'a point changé, et de plus que *le mouvement végétatif* existe de la terre au soleil et du soleil à la terre. La force de dilatation de la terre entraîne à l'extérieur des émanations qui sont recueillies par la force attractive du soleil. Le soleil, au moyen de sa force de concentration, se les assimile, les convertit en sa propre substance, et les renvoie à la terre sous forme de lumière et de chaleur.

Les émanations de la terre et celles des autres astres de notre système planétaire sont les matériaux dont le soleil s'alimente pour remplacer incessamment les torrents de lumière et de chaleur qui s'échappent de son sein et vont féconder les planètes. Ces émanations sont indispensables au soleil, si elles venaient à manquer à sa force d'attraction, de concentration et d'assimilation, le soleil, comme un feu qu'aucun combustible ne vient alimenter, verrait s'éteindre et disparaître sa lumière et sa chaleur.

Sans doute il est difficile de concevoir qu'il soit possible que la terre se renouvelle, jusque dans ses parties les plus intimes, à l'instar de l'os observé par M. Flourens. Mais cela est tout aussi incompréhensible à l'égard du susdit os. Puisque dans celui-ci, le phénomène de la mutation a été constaté d'une manière irréfutable, quelle bonne raison pourrait-on alléguer pour refuser de l'admettre à l'égard de la terre qui, comme l'os observé, a l'atome, pour principe de vie ? Le même principe de vie doit dans les petits centres, comme dans les grands centres, toujours se manifester sous même forme, et ne différer que sous le rapport de l'étendue. C'est sur l'identité du principe de vie de tout ce qui est de l'ordre matériel que se fonde le principe de la continuité qui ouvre, aux spéculations de l'esprit humain, les horizons de l'infiniment petit et ceux de l'infiniment grand. Se basant sur le principe de la continuité, l'esprit présume que le mouvement végétatif qu'il aperçoit dans les objets matériels qui sont à la portée des sens, se reproduit exactement pareil, quoique sur une échelle différente, dans les autres centres qui échappent à l'observation directe par leur extrême petitesse, leur grandeur démesurée ou leur éloignement. Toute présomption incline l'esprit à coordonner à la présomption même les manifestations souvent vagues et ambiguës de l'objet moins connu et étudié. Si la présomption est dans le vrai, la vérité ne tarde pas à se confirmer et à réunir tous les suffrages. Si elle est dans le faux, elle engendre des systèmes plus ou moins erronés et dangereux qui, après avoir soulevé bien des controverses, retombent dans l'oubli.

En déduction du principe de la continuité, la mutation universelle de la matière et l'invariabilité de son volume sont donc prouvées par ce qui a été observé par M. Flourens dans l'os cité plus haut. L'on objectera peut-être que l'os faisant partie d'un corps organisé peut être sous le régime de la mutation et de l'invariabilité du volume, sans qu'on puisse en conclure que la terre y soit également soumise. Mais il est évident que la terre elle-même est un corps organisé dont les dispositions générales largement esquissées ont une analogie frappante avec celles du corps humain. Comme le corps humain, et par des procédés semblables, la terre renferme dans ses profondeurs un foyer de chaleur déterminé et entretenu par des combinaisons chimiques occasionnées par la rencontre des molécules qui se précipitent vers son centre. L'existence de ce feu intérieur est révélée par les sources d'eaux thermales et les laves brûlantes vomies par les volcans (1). Les fleuves et les rivières sont les grandes artères de la terre ; les forêts, sa chevelure. La végétation qui couvre les flancs de la terre est un des moyens du transport des molécules de l'intérieur à l'extérieur, *et vice versa*. Cette végétation peut avec raison être comparée à la porosité et à la végétation filandreuse répandues sur toute la surface du corps humain. Enfin les immenses étendues de roc et les divers matériaux que la terre renferme dans son sein correspondent à la charpente osseuse, et à la variété des tissus dont se compose l'organisme intérieur de l'homme. Pour complé-

---

(1) L'opinion la plus accréditée de nos jours, c'est que la terre est formée d'un fragment qui s'est détaché du soleil, que ce fragment en ébullition s'est peu à peu refroidi à la surface, ce qui a solidifié cette surface, et que la chaleur qui s'est maintenue jusqu'à nos jours dans le centre de la terre, tend constamment à diminuer jusqu'à extinction. Puisque la terre trouve dans son propre sein des forces qui sont le principe de ses évolutions, n'est-il pas rationnel de penser que c'est aussi en elle que se trouve le principe de sa chaleur? Cette chaleur serait déterminée et entretenue par des dispositions analogues et des substances semblables à celles qui produisent et entretiennent la chaleur dans les corps animés.

ter le parallèle, rappelons, qu'en tant que matière, la terre, comme l'homme, est un composé de deux natures opposées, unies par l'affinité. Ces deux natures de la terre, l'atome et la substance, sont parfaitement analogues aux deux natures de l'homme, l'âme et le corps. Les trois facultés essentielles de l'âme, l'intelligence, le sentiment et la volonté consciente, ou libre arbitre, sont représentées dans l'atome par le froid force de concentration et de pesanteur; par le chaud, force de dilatation et de projection et par la loi inhérente à la matière et y tenant lieu de volonté. L'atome, comme l'âme, est indissoluble, indivisible et toujours identique, tandis que la substance, à l'instar du corps humain, est décomposable, divisible à l'infini et transformable.

Le principe de la continuité entraîne l'esprit dans des espaces de plus en plus inaccessibles aux sens, il lui fait présumer que ce même échange de substance qui subsiste entre le soleil et la terre, s'établit également entre les corps célestes d'un même tourbillon, et même de tourbillon à tourbillon. Cette mutation universelle et permanente de la matière relierait toutes les créations matérielles les unes aux autres, et les ferait vivre d'une vie commune et solidaire.

Cette vie commune et solidaire de l'universalité de la matière est une imposante reproduction analogique de la vie sympathique et solidaire proposée à l'humanité, comme point de départ d'une extension illimitée et universelle, tout au moins égale à celle que nous supposons, avec vraisemblance, être réalisée par la matière : l'esprit humain étant de beaucoup supérieur à la matière ne saurait, en aucune chose, être dépassé par elle. Pourquoi craindrions-nous de conjecturer, que l'homme aussi doit parcourir successivement tous les corps célestes et y poursuivre indéfiniment l'œuvre de son perfectionnement ? Cette fin grandiose est d'ailleurs appropriée aux instincts et à la perfectibilité de l'esprit humain, elle semble en être le corollaire obligé et la conséquence logique de la puissance illimitée de l'Etre suprême.

Dans l'os observé par M. Flourens, les cercles blancs et les cercles rouges ont successivement disparu, sans laisser la moindre trace de leur passage, et au fur à mesure un nouveau cercle est venu remplacer celui qui disparaissait. *De nouvelles molécules se substituant à celles qui disparaissent radicalement*, voilà le mode de mutation de la matière, il donne pour résultat l'invariabilité du volume de la matière. Dans l'esprit les choses se passent différemment. *Chaque connaissance que nous acquérons s'ajoute à celles que nous possédions antérieurement*, sans que pour cela celles qui ont été primitivement acquises disparaissent nécessairement. Les connaissances anciennes servent, au contraire, d'assises aux nouvelles, elles en facilitent la conception, de sorte que le propre de l'esprit est de s'agrandir indéfiniment.

Une autre prérogative de l'esprit considéré individuellement, c'est d'infuser à d'autres esprits les connaissances dont il a eu l'initiative, de les propager, sans s'en départir le moins du monde, tandis qu'un corps qui cède de ses molécules en est irrémissiblement privé, celles qui les remplacent sont autres.

L'échange des idées et la mutation universelle de la matière sont le côté analogique de l'esprit et de la matière ; le côté différenciel consiste en ceci : *l'échange des idées se fait par voie d'addition, tandis que la mutation de la matière se fait par voie de substitution.*

La mutation par voie de substitution est pour toutes les créations matérielles un principe de mortalité. Toutes les molécules d'un corps disparaissant successivement, bien que successivement remplacées par d'autres molécules, donnent cette conséquence fondée sur le principe de la continuité, que le corps entier doit aussi disparaître. L'échange des idées se faisant par voie d'addition prouve, au contraire, l'immortalité de l'âme. L'esprit ne perdant rien et acquérant toujours s'affermit de plus en plus dans la vie.

Nous avons vu que l'alimentation, ou échange de substance appelée mutation, végétation et nutrition s'opère par voie de résorption et d'absorption. Résorber signifie céder, donner; absorber a le sens d'attirer, de recevoir. Résorber et absorber sont un fait qui a de l'analogie avec celui de l'esprit exprimé par donner et recevoir. La mutation universelle de la matière peut donc être aussi exprimée par donner et recevoir, fait qui s'effectue au moyen du mouvement, lequel est produit par l'alternative des lignes de projection et de pesanteur. Le mouvement manifeste la vie matérielle, donner et recevoir l'alimente.

Dans l'esprit donner et recevoir est l'œuvre directe du sentiment philanthropique et de l'intelligence individualiste et dans la matière résorber et absorber c'est-à-dire donner et recevoir est l'œuvre du chaud, principe de dilatation et de projection et du froid, principe de concentration et de pesanteur. En dehors de cette œuvre d'alimentation imposée à l'esprit et à la matière et exprimée par les mots donner et recevoir, toute vie prendrait fin, c'est pourquoi de tous les innombrables dualismes régis par la loi de l'équilibre une et universelle, *donner et recevoir* est le dualisme excellement transcendant.

Cette transcendance du fait donner et recevoir se trouve confirmée par ceci : qu'il est encore le fait capital régi par la loi morale, loi elle-même transcendante, car c'est de sa stricte observation que dépend le développement régulier du perfectionnement de l'humanité : en dehors du régime de la loi morale, il n'y a en effet, pour l'homme, ni progrès, ni bonheur possibles.

Il est encore à remarquer que *donner et recevoir* régi par la loi fait encore partie de la loi, il en est le premier commandement. C'est que la loi se subdivise en deux parties. Il y a la loi qui crée les tendances, les manières d'être, et la loi qui équilibre et concilie les tendances et les manières d'être.

La loi qui crée les tendances, les manières d'être, commande à l'esprit et à la matière *de donner et de recevoir*, et la loi qui équilibre, détermine les proportions dans lesquelles doit se faire le donner et recevoir. Ce qui est commun à l'esprit et à la matière, c'est le commandement *de donner et de recevoir*; ce qui est différenciel entre eux, ce sont les proportions dans lesquelles s'effectue pour chacun d'eux le donner et recevoir.

Pour préciser ce côté différenciel de la loi

de l'esprit et de la loi de la matière, il y a à examiner les deux questions suivantes : Dans quelles proportions faut-il donner et recevoir ? Ces proportions sont-elles les mêmes pour l'esprit et pour la matière ? Si les réponses sont suffisamment motivées, elles pourront être considérées pour chacune des deux circonscriptions comme les statuts renfermant les différences de leur loi respective, et l'énoncé de ces différences exprimera ce qu'il y a de différenciel entre la loi de l'esprit et la loi de la matière à l'égard du donner et recevoir.

Pour nous renseigner sur ce qui se passe dans la matière, nous citerons un fait depuis longtemps avéré, c'est que le rigorisme de la loi de l'équilibre, à l'égard de l'équivalence quantitative des éléments de substance qui s'associent et constituent une cause complexe, se retrouve avec la même rigueur dans le produit obtenu. Si l'on décompose un produit, l'on en retire tous les éléments qui ont participé à sa formation et en quantités semblables, ni plus, ni moins. Le produit et la cause complexe sont, sous le rapport des quantités, réciproquement équivalents. Tenons bon compte de cette circonstance, elle est le principe qui maintient invariable le volume de la matière à travers la série de ses innombrables transformations, et elle peut nous servir de point de départ pour déterminer le renchérissement, qu'il y a à ajouter à ce que nous constatons de la loi de la matière, pour qu'elle puisse devenir la loi de l'esprit humain. La loi de l'esprit ne peut en tous points être semblable à la loi de la matière. Outre le côté analogique qui existe entre l'esprit et la matière, il faut, dans les comparaisons que l'on établit entre eux, consulter le point où ils diffèrent et se font opposition, puis aviser aux modifications que ces différences ou oppositions réclament pour les attribuer à qui de droit. Toute comparaison qui n'est pas faite au double point de vue de l'analogie et de la dualité ne peut donner que des conclusions erronées et dangereuses.

La perfectibilité et l'aptitude à s'élever en puissance sont inhérentes à l'esprit humain. Par opposition, la stabilité domine tout dans la matière. Sans doute, l'activité de la matière varie selon la diversité des éléments sur lesquels elle opère, mais pour toutes les rencontres composées d'un même nombre d'éléments, cette activité ne progresse, ni ne déchoît, elle est stationnaire, les produits ne varient pas. Il en est de même quant au volume de la matière, rien ne se perd et rien ne se crée. Tout ce qui est disséminé par la dilatation est recueilli par l'attraction, puis condensé jusqu'à un degré voisin de l'anéantissement, pour être de nouveau étendu et disséminé par la dilatation.

Puisque l'esprit est perfectible et la matière stationnaire, il s'ensuit que la loi de l'esprit doit favoriser le progrès et la loi de la matière maintenir la stabilité.

Le progrès et la stabilité s'obtiennent chacun par des procédés différents. La différence de ces procédés constitue la différence qui existe entre la loi de l'esprit et la loi de la matière. Voyons à déterminer cette différence.

La force attractive a, entre autres fonctions, celle d'attirer et de mettre à proximité des corps ce qui est à l'extérieur. La force de concentration assimile au corps ce qui a été attiré de l'extérieur par la force attractive. La force de concentration est un principe d'assimilation et en même temps de condensation illimitée qui amoindrirait son objet jusqu'à extinction, si la force attractive inhérente à la concentration ne fournissait point à sa consommation. Supposons un moment que la force attractive d'un corps soutire constamment de l'extérieur, sans rien donner en échange, il arrivera que la force d'attraction finira par épuiser tout ce qui se trouve extérieurement à sa portée, et qu'alors le corps périra faute d'aliments. Pour que le corps ne périsse point faute d'aliments, il faut qu'il rende à l'extérieur l'équivalent de ce qu'il en tire, afin qu'une somme d'aliments toujours égale puisse être absorbée par la force attractive pourvoyeuse du corps. Dans la matière, la force de dilatation, ligne de projection, est l'agent qui rend au monde extérieur l'équivalent de ce qui en a été soutiré par l'attraction. Cet équivalent étant rendu à l'extérieur, la force attractive trouve à s'exercer dans une mesure toujours égale, et le corps perdant alors une somme égale à celle qu'il gagne ne croît ni ne décroît, il reste stationnaire. Puisque l'équilibre de la dilatation et de l'attraction, c'est-à-dire donner à l'extérieur une quantité égale à celle qu'on en reçoit, maintient la stabilité du volume des corps matériels et celle de la matière considérée dans sa généralité, il s'ensuit que *l'équilibre entre donner et recevoir est toute la loi de la matière* dont la nature est d'être stationnaire.

L'homme, en tant qu'esprit, devant grandir et progresser, ce même équilibre entre donner et recevoir ne saurait être sa loi. Pour trouver sa loi, l'homme doit d'abord s'enquérir des conditions qui peuvent le faire progresser et sa loi sera de pourvoir à l'édification et au maintien de ces conditions.

L'homme emprunte à la société et il s'assimile en quelques années, par l'étude, le résumé des connaissances amassées pendant une longue suite de siècles. Si les hommes de la génération actuelle et ceux de celles qui suivront, laissent la science dans l'état où ils la trouvent, il est manifeste que l'humanité ne progressera pas. Pour que l'humanité progresse, il faut que l'individu, après s'être élevé à la hauteur de son époque en s'inspirant de la science acquise à la société, fasse sortir de nouveaux fruits de cette science qu'il s'est assimilée, il faut qu'il la lègue à la société, agrandie de nouveaux aperçus et débarrassée de quelques obscurités et errements, afin que la génération suivante y trouve davantage à puiser et y ajoute d'autant plus.

Les richesses intellectuelles et morales ne sont point les seules que la société mette à notre disposition, elle pourvoit encore à la sécurité, aux nécessités et aux agréments de notre vie matérielle. Les immenses ressources dont elle dispose à cet effet sont aussi le fruit du labeur des générations qui ont précédé. Pour que les richesses matérielles ne s'épuisent point, pour qu'elles s'accroissent, il faut encore que l'individu rende à la société une plus grande somme de biens matériels que celle qu'il en tire.

La condition du progrès de l'humanité, c'est donc que les individus s'aident de toutes les facilités que leur offre la société pour s'élever d'abord eux-mêmes en intelligence, en moralité et en ressources pécuniaires et qu'avant de disparaître, ils augmentent le plus possible la somme des richesses intellectuelles, morales et matérielles de leur époque. L'accroissement permanent des richesses sociales de toutes espèces étant la condition du progrès humain, la loi de chaque homme sera *de donner à la société plus qu'il n'en reçoit.*

De prime abord l'application de cette loi semble ne devoir fournir que des résultats plus ou moins désastreux, puisqu'elle est une dérogation à la loi de l'équilibre dont l'accomplissement est la condition de toute consolidation et de toute durée. Donner à la société plus que nous n'en recevons, c'est la notion du devoir pris dans sa plus large acception, elle favorise le progrès collectif, mais précisément parce qu'elle est une dérogation à la loi de l'équilibre, elle a l'inconvénient d'incliner l'homme à se dévouer jusqu'à l'abnégation et au renoncement. Le devoir accompli dans cette mesure extrême devient, pour l'individu qui s'est dévoué ainsi, une cause de débilitation et de ruine qui tarit promptement la source de tout ce qui le rendait puissant à se dévouer efficacement et avec continuité. Mais les conséquences subversives de cette première dérogation à la loi de l'équilibre ne tardent pas à déterminer dans un sens opposé, chez l'individu qui en a fait l'expérience, une deuxième dérogation qui vient heureusement faire contre-poids et rétablir l'équilibre. L'homme troublé par les résultats néfastes de ses actes généreux, se prend à réfléchir sur la marche qu'il a suivie, et il est insensiblement amené à considérer que la prospérité de la société n'est que la somme de la prospérité des individus qui la composent et conséquemment que tout ce qui porte atteinte à la prospérité de l'individu sape, dans sa base la plus intime, la prospérité de la société. Il en conclut que pour concourir fondamentalement et sans subversion à la prospérité commune, l'individu doit avant tout pourvoir à sa propre prospérité et puiser pour lui-même, dans la société, la plus grande somme possible d'éléments de prospérité.

Au devoir de pourvoir à la consommation des autres est opposé le droit de consommer soi-même. L'opposition entre le devoir et le droit ne saurait être plus absolue. Celui-ci incline l'homme à l'égoïsme, celui-là à l'abnégation et au renoncement. Entre ces deux termes si diamétralement opposés, il semble qu'aucun moyen de conciliation ne saurait exister, cependant il faut en trouver un, l'homme est un composé de principes et de tendances opposés, mais connexes, et conséquemment toujours conciliables.

L'esprit humain est conscient, par suite perfectible, novateur et producteur. Les connaissances qu'il puise dans la société deviennent pour lui objets de méditations intimes qui le conduisent à des inductions sur d'autres objets qui jusque-là étaient restés inaperçus. Si après vérification, les objets entrevus par l'induction sont reconnus authentiques, réels, la connaissance en est acquise à l'esprit qui en a eu l'initiative. L'esprit conscient en s'étayant des connaissances qu'il a puisées dans la société et qu'il s'est assimilées en a tiré intuitivement une nouvelle connaissance. S'il divulgue cette nouvelle connaissance, il ajoute un surcroît de connaissances à la somme de celles qui étaient acquises jusque-là, il rend donc à la société plus qu'elle ne lui a donné.

Ce que nous venons de dire de la productivité de l'activité purement spirituelle doit s'entendre également de l'activité manuelle. Tout homme qui travaille manuellement dans la mesure de ses forces produit aussi plus qu'il ne consomme.

Le surplus produit par l'activité, tant spirituelle que manuelle de chaque individu, reste acquis à la société et constitue le surcroît d'effectif qui lui est nécessaire pour qu'elle progresse elle-même, et qu'elle soit à même de fournir sans cesse à l'individu de nouveaux éléments de prospérité et de progrès.

Pour fournir à la société le surcroît d'effectif qui lui est nécessaire pour progresser, et conséquemment pour lui donner plus qu'il n'en reçoit, l'individu n'a donc point à se dépouiller des biens et des avantages dont la naissance ou d'autres circonstances heureuses et conformes au droit légal de son époque, lui ont donné le privilège. Il suffit qu'il travaille et qu'il utilise les biens et les avantages qu'il possède, pour produire un effectif plus important qui paye largement la dette qu'il contracte envers la société par l'usage qu'il fait de ses bienfaits. Le travail est en effet d'autant plus fructueux que les moyens dont on s'aide sont plus considérables.

Nous ne pensons cependant point que le travail soit tout ce que l'homme doit à la société. Mais avant de nous expliquer à cet égard, nous voulons faire le tableau de ce qui se passe dans l'ordre matériel pour en tirer des inductions sur la marche que l'individu doit suivre pour rendre à la société ce qu'il lui doit en plus de son travail, sans que le strict accomplissement de ce devoir soit une cause de ruine, directe pour lui-même et indirecte pour la société, qui toujours subit le contre-coup de toutes les ruines individuelles qui se produisent dans son sein.

Le caractère de tout début de vie, pour les plantes comme pour les corps animés, c'est la faiblesse et la petitesse du volume. L'alimentation et les autres moyens d'absorption répandus sur toute la surface des plantes et des corps animés, viennent progressivement fortifier et augmenter le volume des unes et des autres, jusqu'au point qu'il est donné à chacun d'eux d'atteindre. Puis le volume reste stationnaire. Pendant tout le temps de la croissance, il est manifeste que les végétaux et les corps animés tirent de l'extérieur plus qu'ils ne lui rendent et que c'est ce qui leur permet de grandir et de grossir. En tant que corps matériels, les plantes et les corps animés sont inconscients, inertes et conséquemment privés de la faculté de progresser, de créer, c'est pourquoi tout ce qu'ils peuvent faire lorsqu'ils se sont affermis dans la vie et qu'ils ont acquis tout leur développement, c'est de résorber à l'extérieur une quantité de molécules égale à celle qu'ils absorbent dans le présent. Quant à ce qu'ils ont retiré de l'extérieur pendant leur croissance, en plus de ce que dans le même temps ils lui ont rendu, c'est un arriéré qui se solde à leur mort : toute la substance dont ils sont formés rentre alors dans le domaine commun.

L'homme aussi naît faible, ignorant et dénué. Longtemps il puise dans la société les notions de science et de morale qui alimentent et font grandir son intelligence et son cœur; longtemps ses besoins matériels sont largement et gratuitement satisfaits. Enfin l'enfant se fait homme, il prend place dans la société, il s'enrôle parmi les travailleurs.

Nous avons vu que l'homme qui travaille, soit intellectuellement, soit manuellement, ajoute quelque chose à l'effectif de la société, il lui donne plus qu'il n'en reçoit, car il produit plus qu'il ne consomme. Si donc l'homme livrait son travail gratuitement, il pourrait se considérer libéré envers la société pour la totalité des avances qu'elle lui a faites tout le temps qu'a duré son éducation et aussi pour les avantages dont elle continue à le combler dans le présent. Mais il se rencontre que la société, toujours prodigue pour ses enfants, paye en bons et beaux deniers tout le travail qu'on lui livre. En bonne logique, l'homme qui perçoit un salaire pour son travail ne peut se considérer complétement quitte envers la société. Nous ne saurions cependant en conclure que l'homme doit refuser le salaire et travailler sans rétribution, car le salaire est un stimulant si puissant et si opportun pour raviver l'énergie des individus d'une moralité chancelante, qu'on ne saurait le supprimer sans porter une atteinte funeste à l'activité humaine. Le salaire est d'ailleurs une condition de vie des sociétés humaines, il est une légitime satisfaction accordée au droit et un moyen pratique de classer, de hiérarchiser les mérites, et de faire à chacun une part proportionnelle à ses services.

Il semble qu'aucune conciliation ne soit possible entre la dignité, le respect de soi et le salaire qui constitue l'individu débiteur envers la société. Cette conciliation cependant est réalisable. A côté du salaire qui doit être maintenu, un moyen simple et fructueux pour la société se présente à l'individu qui perçoit un salaire et qui veut sur tous les points donner à la société plus qu'il n'en reçoit. Ce moyen consiste à faire deux parts dans les bénéfices que lui vaut son travail dont l'une pour lui-même, et l'autre pour le service de ses semblables, de la société. La part de bénéfice cédée à la société est un don, un sacrifice volontaire et gratuit qui donne toute satisfaction aux susceptibilités de la dignité et aux instincts moraux de l'individu rétribué, et ne l'empêche point de poursuivre la progression de sa prospérité personnelle. Mais dans l'accomplissement de ce devoir social : céder gratuitement la moitié de ses bénéfices à la société, afin de lui donner plus qu'il n'en reçoit, l'homme doit suivre la marche prudente des plantes et des corps animés qui pendant tout le temps que dure leur croissance reçoivent plus qu'ils ne donnent et ne se mettent sur le pied de donner au monde extérieur l'équivalent de ce qu'ils en reçoivent que lorsqu'ils se sont affermis dans la vie et qu'ils ont acquis tout leur développement. L'individu aussi a besoin avant tout de se faire dans la société une position prospère, sûre et indépendante, en rapport avec ses aptitudes, afin qu'il ne succombe point dans la tâche de son dévouement pour la société, et aussi parce que son dévouement pourra être d'autant plus important et persistant que sa position sera plus élevée et moins précaire.

Multiplier les ressources sociales de toutes espèces par le travail, tant intellectuel que manuel, et faire deux parts dans nos bénéfices pour consacrer l'une au droit, l'autre au devoir, tel est le dernier mot du programme de la loi morale qui règle les devoirs réciproques des hommes et les fait progresser.

Il y a entre le droit, le devoir et le travail ou activité et ce qui constitue tout l'homme spirituel, l'intelligence, le sentiment et le libre arbitre, principe actif, une correspondance si exacte et si complète que pas un des actes de l'homme n'échappe aux prescriptions de la loi morale que nous venons de formuler.

Si l'enfant devenu homme s'installe dans la

société sans prendre part à l'activité générale, s'il y reste oisif, il continue, comme pendant ses jeunes années, à consommer sans rien produire pour la consommation. L'homme oisif, non-seulement ne s'acquitte point de la dette qu'il a contractée pendant la durée de son éducation, mais il ne rend même pas à la société ce qu'il lui emprunte dans le présent, ce qui est pour la société une cause d'appauvrissement et de recul. Pour comprendre ce qu'il y a de vrai dans cette accusation portée contre l'oisiveté, il suffit de se représenter ce que deviendraient les ressources de toutes espèces dont la société dispose, si tous les hommes qui la composent se livraient à une pleine oisiveté. Sans doute un homme oisif ne ruine pas la société, ni dix, ni vingt, ni cent; mais qui peut dire quel est l'homme oisif qui ajouté à beaucoup d'autres hommes oisifs, fait pencher la société du côté de la ruine? Tous y contribuent évidemment dans la même mesure. Pour prospérer, toute nation a besoin que tous les hommes qui la composent travaillent et qu'ils prélèvent sur leurs bénéfices, pour en faire don à la société, une dîme proportionnelle aux avantages qu'elle leur octroie.

Lorsque l'individu est oisif, il ne rend point à la société ce qu'il en reçoit, il reste son débiteur, c'est un compte qui se règle plus tard, car la justice, comme tous les principes, est d'une rigueur inaliénable. S'il travaille, il solde ses frais d'éducation et tous les avantages dont la société le comble dans le présent. Mais celui qui, après s'être fait dans la société une position prospère, continue à travailler et prélève la moitié de ses bénéfices pour contribuer à l'édification des institutions qui peuvent faire avancer le régime de l'équité et de la fraternité, celui-là seul entre dans la voie sanctifiante du sentiment, il remplit son devoir, il se dévoue dans la large et saine acception du mot.

Le dévouement est pour les sociétés humaines la condition du progrès. C'est par le dévouement que le milieu s'élève, l'élévation du milieu garantit le progrès de l'individu et réciproquement le progrès de l'individu détermine celui de la société. Il y a entre l'individu et la société un flux et reflux permanent d'influences progressantes.

La part que l'individu prélève sur ses bénéfices pour le donner à la société prend le nom de sacrifice volontaire ou don facultatif et gratuit. Assez généralement on donne au mot sacrifice une portée illimitée qui l'assimile à l'abnégation et au renoncement. Selon nous, dans l'intérêt bien compris de la société, comme dans celui de l'individu, le sacrifice ne doit point être accompli au détriment du droit de l'individu, droit imprescriptible, qui exige que l'individu suive en tout une marche ascendante. Conséquemment le sacrifice ne doit porter que sur la moitié des bénéfices dus à l'activité de l'individu, car s'il porte sur le tout, en quelque chose, la progression de l'individu est enrayée.

Ce que nous devons d'amour et de sacrifice à nos semblables est exprimé dans le sens rigoureux de la loi de l'équilibre par cet admirable précepte de Jésus : *Tu aimeras ton prochain comme toi-même.* Aimer son prochain jusqu'à l'abnégation et au renoncement, ce n'est point l'aimer autant que soi-même, c'est l'aimer plus que soi-même, ce qui en thèse générale est contraire à la nature de l'homme et à l'équilibre voulu par la loi morale dont Jésus nous a donné, avec une justesse d'expression remarquable, la formule sacrée.

CHAPITRE VII.

L'individualisme, la philanthropie et le cosmopolitisme.

Le défaut de précision et la portée illimitée des préceptes moraux actuels, qui vont jusqu'à proposer l'abnégation et le renoncement comme le *nec plus ultra* de la vertu, dénotent que ces préceptes sont l'œuvre exclusive du sentiment. Le sentiment donne l'impulsion, mais il est inhabile à préciser et à régler judicieusement son impulsion. C'est à l'intelligence qu'incombe la tâche de réviser l'impulsion donnée par le cœur, d'en prévoir les conséquences bonnes ou mauvaises, et d'y imprimer une direction en dernière fin bienfaisante pour tous. La spontanéité désintéréssée du cœur fait la moralité des préceptes, mais pour préserver ces préceptes d'erreur et de subversion, pour les rendre précis et appropriés à tous les hommes, à tous les temps et à tous les milieux, il faut qu'à la spontanéité désintéressée et irréfléchie du cœur s'ajoute le calcul prévoyant et fructueux pour tous de l'intelligence. Ce qui domine dans le cœur, c'est le désintéressement personnel et le dévouement pour le prochain. Ce qui s'impose à l'intelligence dont les aperçus ont *quelque ampleur*, c'est l'intérêt général, *en vue des avantages innombrables qui en découlent pour l'individu*. Ces deux points de mire opposés du sentiment et de l'intelligence sont parfaitement conciliables et réciproquement intéressés à se limiter l'un l'autre, en raison de l'étroite solidarité qui subsiste entre l'individu et la collectivité des individus.

L'intelligence ne se paye point d'apparences, elle va au fond des choses, c'est dans l'individu qu'elle voit le principe de tout ce que peut être une nation : point de nation viable et prospère si les individus qui la composent ne sont eux-mêmes viables et prospères. Pour le plus grand bien de l'intérêt, tant général que particulier, l'intelligence s'applique à modérer le désintéressement personnel et à l'empêcher de tourner à l'abnégation et au renoncement. Elle soutient, patronne l'individu et son droit, en un mot, l'intelligence légitime l'individualisme, c'est-à-dire, l'amour et la préoccupation pour soi.

L'individualisme est inhérent à la vie de l'homme, comme la concentration l'est elle-même à la vie de la matière. Sans individualisme et sans concentration toute vie prendrait fin.

L'individualisme est la garde vigilante, l'arme

invincible donnée par le créateur à la créature contingente, faillible, et conséquemment aux prises avec la mort, pour s'affranchir de la mort et s'affermir dans la vie. C'est en vain qu'égaré par des raisonnements captieux, l'homme s'efforce d'arracher de son cœur ce légitime amour de soi, avec plus ou moins d'art, il parvient à le dissimuler, mais sans jamais l'expulser. L'amour de soi marque de son empreinte indélébile tous les actes des hommes. Jusque dans les austérités de ces religieux fanatiques, on le voit briller du plus vif éclat : leurs grands et complets renoncements à toutes les mondanéités sont mis au plus haut prix, ils sont accomplis en vue du salut de leurs âmes !!!

L'insuffisance des ressources et l'impuissance individuelle à pourvoir à l'humanité entière justifient pleinement le sentiment de préférence pour soi déterminé par l'individualisme. A chaque homme qui individuellement est d'une influence insignifiante pour améliorer les destinées de l'humanité, échoit le droit et le devoir de pourvoir d'abord à sa propre conservation et à sa prospérité personnelle pour son propre avantage et pour celui de l'humanité dont la force et la grandeur ne sont que la somme de la force et de la grandeur des individus qui la composent. L'humanité est encore plongée dans un état de pénurie tel, que si les hommes d'une même nation, cédant à la pente du sentiment moral, venaient à faire entre eux tous un partage égal des biens et des ressources dont ils disposent, la position des plus misérables n'en serait que de fort peu améliorée, celle des privilégiés seule serait profondément changée : ces derniers viendraient grossir le nombre des malheureux, des impuissants. La nation aurait tout à perdre à ce nouvel ordre de choses, car elle verrait du même coup disparaître ces puissantes individualités qui personnifient l'intelligence, le sentiment, la volonté et qui, lorsqu'elles sont attentives et dociles aux inspirations des instincts moraux, mettent au service de la patrie et de l'humanité leur supériorité intellectuelle et morale, leurs priviléges mondains, richesses, pouvoir, considération, et deviennent ainsi des centres providentiels, puissants à relier les masses et à les entraîner à leur suite dans la voie du progrès.

Le devoir du dévouement pour le prochain, la patrie, l'humanité, doit donc, pendant les temps d'insuffisance de l'humanité à son début, être limité par le droit et le devoir de l'individu de veiller d'abord à sa propre conservation et à tous les avantages qui peuvent le rendre utile à ses semblables. *L'Être infini* seul peut se répandre en bienfaits incessants, sans jamais s'épuiser. Mais l'homme borné dans sa puissance doit proportionner ses bienfaits à ses ressources, sinon il en tarit la source et s'annule jusqu'à devenir impuissant à donner et à influencer. Cette prudente limitation du sacrifice volontaire le rend plus facile, plus pratique, plus continu et lui donne avec le temps une importance effective souvent bien supérieure à celle du sacrifice immédiat et complet, et cela sans causer la ruine de celui qui se dévoue, ruine toujours préjudiciable pour la société.

Comme tout ce qui est accompli par le cœur, le sacrifice volontaire, œuvre d'amour, a besoin d'être limité par l'intelligence. Abandonné à l'aveugle spontanéité du cœur, le sacrifice peut être poussé jusqu'à l'abnégation et au renoncement, et alors il soulève des inconvénients aussi funestes que ceux qui résulteraient d'une œuvre contraire et extrême, d'une œuvre égoïste.

L'à-propos et la mesure légale du sacrifice se reconnaissent à ce signe certain, qui toujours témoigne que l'intelligence y a apporté une part de concours restrictif, c'est que considéré dans l'ensemble de ses applications, le sacrifice protége simultanément, par voie indirecte et par voie directe, les intérêts individuels et les intérêts sociaux, ceux du moment et ceux de l'avenir.

Sous peine de nier la légitimité de l'individualisme et de céder tout le terrain à la philanthropie, il faut admettre que persister dans la vie et s'efforcer à en atteindre la plénitude est un droit primordial inhérent à la vie humaine. A ce droit imprescriptible de l'individu s'ajoute le droit corrélatif d'user de tout ce qui peut favoriser le développement de sa vie. Ce qui constitue le développement de la vie de l'homme, c'est le développement de ses facultés intellectuelles, morales et physiques, puis celui de son bien-être matériel. A tous ces points de vue, le développement de chaque homme est manifestement subordonné dans une large mesure à celui de la société elle-même. Il s'ensuit qu'au droit de l'individu d'user de ce qui peut favoriser le plus grand développement de ses facultés et de son bien-être personnel, est solidairement lié le devoir de veiller à la prospérité commune, puisqu'il y puise les éléments de sa propre prospérité, ce qui implique pour l'individu la nécessité du travail et du sacrifice volontaire et limité: deux moyens efficaces pour alimenter la source des bienfaits dont la société le comble et la mettre à même de continuer à l'en combler. C'est là le trait-d'union qui unit solidairement l'individualisme et la philanthropie et qui les oblige à se faire des concessions réciproques et à s'équilibrer.

L'individualisme, c'est l'amour et la préoccupation pour soi ; la philanthropie, l'amour et la préoccupation pour nos semblables. Ces deux principes qui, dans les temps de pénurie et de calamité, s'excluent réciproquement, sont évidemment les deux extrêmes d'un seul et même principe appelé *cosmopolitisme*.

Le cosmopolitisme, c'est la suppression des limites de la patrie, c'est l'effacement de l'exclusivisme réciproque de l'individualisme et de la philanthropie et leur conciliation harmonique, c'est enfin l'amour et le dévouement pour les intérêts généraux de l'humanité dont chaque individu fait partie intégrante.

Ce qui est foncier et spécial dans le cosmopolitisme, c'est le sentiment de l'étroite solidarité qui relie les hommes les uns aux autres et qui fait que rien d'heureux ou de malheureux ne survient à l'un d'eux, sans que dans un temps plus ou moins éloigné, les autres n'en subissent le contre-coup correspondant, c'est-à-dire bienfaisant ou désastreux.

Le grand principe de la solidarité humaine affirmé par le cosmopolitisme ouvre un vaste champ aux calculs prudents et intéressés de l'intelligence individualiste. Mais reconnaissons-le pour la glorification de l'humanité, avant que l'intelligence ait pu prendre le principe de la solidarité pour base de ses calculs, le sentiment donnait des preuves non équivoques de l'inclination innée chez l'homme à se dévouer pour ses semblables et à sympathiser, sans arrière-pensée intéressée, à leurs joies et à leurs tristesses. C'est le sentiment qui a ouvert la voie du cosmopolitisme. Les dévouements spontanés et désintéressés du cœur ont donné l'éveil à l'intelligence, et n'ont laissé à celle-ci d'autre mission, que celle de régler l'emploi de ce qui sort de l'abondance du cœur, et de diriger la marche du cosmopolitisme dans les conditions les plus fructueuses pour le prochain et pour l'individu.

L'insuffisance des ressources, le précaire des positions sociales causent seuls l'antagonisme de l'individualisme et de la philanthropie. Pour avancer le moment de leur conciliation harmonique et hâter la réalisation de l'œuvre du cosmopolitisme, il faut accroître les richesses et la puissance sociales. C'est par le travail que les richesses sociales de toutes natures se multiplient, et c'est par le sacrifice volontaire d'une moitié de leurs bénéfices et de leurs prospérités matérielles que les individus élèvent la puissance sociale, sans compromettre leur puissance individuelle qui fait encore partie essentielle de la puissance sociale.

Le travail, tout en augmentant progressivement l'effectif de la société, vaut encore à l'individu un salaire qui constitue l'excédent qui lui est nécessaire pour donner simultanément satisfaction aux légitimes exigences de l'individualisme, qui veut que l'individu s'élève sans désemparer, et aux aspirations émancipatrices de l'amour, qui toujours voudrait voir le prochain s'élever parallèlement à l'individu.

Le travail sous toutes les formes et le sacrifice volontaire et limité, aussi distant de l'égoïsme que du renoncement, voilà la tâche fructueuse, l'œuvre sainte qui doit régénérer les hommes, élever leur puissance et leur donner toute la paix et toute la félicité que cette terre comporte.

CHAPITRE VIII.

Définition au point de vue des actes du vrai, du beau, du bien et de la raison.

La loi prescrit le bien. *Le bien* comprend deux principes : *le vrai* et *le beau.*

Le vrai donne de la solidité à tout ce qui s'édifie, car il pourvoit avant tout à la validité des éléments, des individus. Dans les actes des hommes, le vrai, c'est l'individualisme, et c'est aussi ce que l'intelligence protége particulièrement, en tant que condition fondamentale de la vie. La formule de l'individualisme, c'est *le droit* et c'est par l'exercice du droit que les individus et les nations débutent et s'affermissent.

Le beau, c'est la forme, le mode d'union des éléments, des individus. L'union réalisée dans les conditions du beau, ajoute à la vie la félicité. Le beau dans les actes, c'est la philanthropie, sa devise, *le devoir*. Le sentiment aime le beau, le beau moral surtout, indépendamment de l'amertume et de la récompense attachées à l'accomplissement du devoir qui en découle. Il aime le beau, parce qu'il est beau, parce qu'il est aimable.

Lorsque l'homme hésite et semble redouter la douleur du sacrifice imposé par le devoir, ce n'est point le cœur qui agit en lui. Le cœur n'hésite et ne calcule point, il se range instinctivement du côté du devoir et il le remplit spontanément. C'est l'intelligence qui vérifie, ce qu'il y a de plus avantageux pour l'individu. Elle met en parallèle le sacrifice exigé par le devoir et la récompense qui suit l'accomplissement du devoir. Ce qui rapporte le plus à l'individu, c'est ce que l'intelligence préfère et c'est aussi le vrai, c'est-à-dire, ce qui est le plus propre à préserver la vie individuelle. Mais par une conséquence de son imperfection et de sa faillibilité, maintes et maintes fois l'intelligence délaisse le vrai et s'attache au faux, maintes et maintes fois elle préfère un bien matériel à un bien spirituel, ou encore un bien immédiat moindre à un bien avenir plus grand. C'est alors que le cœur, souvent mieux servi par sa spontanéité instinctive, réagit contre les égoïstes suggestions de l'intelligence par des actes philanthropiques dont les bienfaisants résultats mettent l'intelligence dans son tort, et l'aident à sortir d'une voie que son exclusivisme a pervertie.

Toutefois l'intelligence peut aussi se résoudre

avec spontanéité et désintéressement dans le sens du vrai. C'est lorsqu'elle aperçoit le vrai avec beaucoup de lucidité. Le vrai, comme le beau, a sa poésie et son prestige. L'âme qui voit le vrai dans toute son excellence, veut le vrai pour le vrai même, indépendamment des avantages qui en découlent.

La conscience sollicitée par l'intelligence dans le sens du vrai, par le sentiment, dans le sens du beau, s'inspire dans une égale mesure du vrai et du beau, et elle en tire un troisième principe qui comprend les deux premiers et s'appelle *le bien. Le bien, c'est le vrai et le beau, c'est l'individualisme et la philanthropie mis à l'unisson par des concessions réciproques et égales stipulées par la conscience interprète officiel de la loi.* Au point de vue des relations humaines, *le bien* s'appelle *cosmopolitisme*, c'est-à-dire amour et préoccupation pour les intérêts communs et solidaires de l'humanité.

Le vrai et l'individualisme relèvent de l'intelligence ; le beau et la philanthropie, du sentiment ; le bien et le cosmopolitisme de la conscience.

Connaître, aimer et pratiquer le vrai, le beau et le bien ; l'individualisme, la philanthropie et le cosmopolitisme constituent *la raison*, et la raison est l'attribut spécial du libre arbitre.

L'homme mu par la raison voit grandir l'horizon de ses spéculations. Aux trop exclusives préoccupations personnelles du moment présent, il oppose, pour les équilibrer et les concilier, les préoccupations pour les intérêts sociaux des temps avenirs. Les vives clartés projetées par la raison dissipent les obscurités, préviennent et écartent les erreurs, ce qui assure à l'homme l'exercice de son libre arbitre dans la plus large mesure accessible à l'humanité.

La raison suit la science et la moralité, lesquelles s'acquièrent par la culture de l'intelligence et du sentiment. Cultiver l'intelligence et le sentiment est donc le premier et le plus impérieux des devoirs de l'homme. L'accomplissement persévérant de ce devoir donne progressivement la connaissance de tous les autres et inspire ces convictions profondes et enthousiastes qui charment, subjuguent l'âme et l'entraînent dans la voie lumineuse et ineffable du bien. Dès-lors l'intelligence et le sentiment veulent le bien d'un commun accord, forts de leur union, ils prennent un ascendant magique et efficace sur le libre arbitre, lui-même porté à vouloir le bien, chaque fois qu'il lui apparaît dans sa noble et imposante vérité.

CHAPITRE IX.

Aperçus complémentaires.

Les développements dans lesquels nous sommes entré et les conséquences que nous en avons tirées, nous ont conduit à admettre la permanence et l'universalité des trois propositions suivantes :

1° La dualité ou opposition connexe des principes et des degrés de principe est, dans l'esprit et dans la matière, le fait capital régi par la loi.

2° La loi crée les principes et les degrés de principe, et elle les oppose deux à deux avec l'impulsion de progresser, d'atteindre leur dernière limite, et, conséquemment, de s'exclure réciproquement; puis la loi équilibre les principes et les manières d'être opposés, en attribuant une équivalence foncière et inaliénable à chacun des deux principes en opposition connexe.

3° Le but poursuivi par la loi de l'équilibre, c'est de faire régner l'harmonie dans la dualité, c'est de concilier, de combiner les deux principes ou degrés de principes opposés et connexes, pour en faire une cause dualiste propre à créer un effet, un produit, un travail.

Les trois propositions ci-dessus sont applicables à l'esprit et à la matière. Ce qui suit les complète et signale les différences commandées dans les effets respectifs de l'esprit et de la matière, par la différence de leur nature.

L'individualisme et la philanthropie sont deux modes en opposition connexe de l'activité morale de l'esprit. Lorsque l'individualisme et la philanthropie entrent en conciliation, il en surgit un troisième mode d'activité qui comprend les deux premiers, c'est le cosmopolitisme. L'individualisme, la philanthropie et le cosmopolitisme sont trois modes de l'activité morale de l'esprit.

La ligne de pesanteur et celle de projection sont deux modes en opposition connexe de l'activité de la matière. L'affinité est adéquate à l'opposition connexe. Il y a donc affinité entre la ligne de pesanteur et celle de projection. L'affinité et l'équivalence foncière déterminent la conciliation des principes en opposition connexe, elle détermine donc la conciliation de la ligne de pesanteur et de celle de projection, et cette conciliation donne la ligne circulaire que la terre décrit autour du soleil, laquelle comprend les deux autres, celle de pesanteur et celle de projection. La ligne de pesanteur, celle de projection et la ligne circulaire sont trois modes de l'activité de la matière, ils correspondent analogiquement aux trois modes de l'activité morale de l'esprit cités ci-dessus, l'individualisme, la philanthropie et le cosmopolitisme.

La loi rencontrant partout le même fait capital, c'est-à-dire, la dualité à régir, procède nécessairement de la même manière pour l'esprit et pour la matière. L'uniformité des prescriptions et des applications de la loi ne gêne cependant en rien la réalisation des effets différents déterminés par la différence de nature de l'esprit et de la matière. Nous en citerons deux exemples importants.

Le mouvement végétatif, résorber et absorber, ou donner et recevoir, commun à l'esprit et à la matière, détermine, dans l'esprit qui est conscient, l'échange des idées par voie d'addition, ce qui garantit à l'esprit l'identité, la progression et l'immortalité.

Dans la matière qui est inconsciente, le mouvement végétatif produit l'échange des molécules, non par voie d'addition, mais par voie de substitution. L'échange des molécules par voie de substitution condamne la matière au régime de la stabilité du volume et même à celui de la stabilité de la forme.

L'esprit progresse, parce qu'aux connaissances anciennes s'ajoutent les connaissances nouvelles. Dans la matière, la nouvelle molécule représente l'équivalent de celle qu'elle remplace et qui a disparu, elle ne peut donc déterminer aucun progrès, aucun renchérissement. Pour tous les individus des trois règnes de l'ordre.matériel, corps bruts, végétaux, corps animés, hommes et animaux, l'échange des molécules par voie de substitution rend impossible l'application du principe de l'identité, de la progression et de l'immortalité. Aucune molécule primitive ne faisant souche, toutes s'écoulant successivement et radicalement, l'individu, en tant que corps matériel, se transforme incessamment, mais ne varie point de forme. Les retours compensant les pertes, l'individu peut, en ce qui concerne son corps, rester équivalent à lui-même, mais non identique, non immortel.

Nous avons vu que l'esprit humain conscient et progressif, produit plus qu'il ne consomme, et que la matière, inconsciente et stationnaire, résorbe autant qu'elle absorbe. La loi, encore ici suit son cours invariable, malgré cette différence de production de l'esprit et de la matière. Dans la matière, la loi régit un capital toujours le même, et elle oblige les corps matériels à rendre à l'extérieur autant qu'ils lui emprunstent. Dans l'esprit, la loi régit un capital et un bénéfice. Le bénéfice est un cas particulier à l'esprit, mais la loi qui régit le bénéfice est la même que celle qui régit le capital. La loi accorde donc à l'individu la moitié des bénéfices qu'il réalise, et elle exige de lui le désistement, le sacrifice volontaire de l'autre moitié pour le service du prochain, de la société, afin de hâter la diffusion des prospérités et des lumières, et d'y faire participer la collectivité des hommes.

Cette marche si rationnelle est le strict commandement de la loi de l'équilibre. Si les hommes la suivaient ponctuellement, ils préviendraient et feraient disparaître insensiblement des sociétés humaines, non les inégalités sociales qui stimulent énergiquement l'activité, mais les disproportions extrêmes qui toujours témoignent que l'individualisme n'est point entré en conciliation avec la philanthropie, qu'il n'a point fléchi devant les prospérités croissantes, et que le centre de ses affections et de sa sollicitude ne s'est aucunement agrandi. C'est vainement que l'individu et les siens sont amplement pourvus, la part de bénéfice qui devrait désormais être cédée généreusement à la société, est détenue parcimonieusement par la famille pour en augmenter surabondamment la sécurité et le confort. C'est à cette préoccupation exclusive pour soi et pour les siens qui de la famille se reproduit de classe à classe et de nation à nation, qu'il faut attribuer l'extrême lenteur avec laquelle s'effectue l'amélioration des destinées terrestres de l'humanité, l'excès navrant de la misère et de l'ignorance, les guerres civiles et internationales et toutes les réactions calamiteuses qui en sont la suite inévitable.

Plaise à Dieu que l'individualisme de la famille, poussé jusqu'à l'égoïsme dans les temps passés et actuels, revienne sur ses pas et s'arrête à un terme moyen où le droit de la famille et le devoir social se feront pacifiquement des concessions réciproques et équitables, ce qui serait bien préférable à une réaction exclusivement philanthropique dont le résultat serait de nous faire entrer en plein communisme. Il est manifeste que l'influence énervante du communisme sur l'activité des hommes apporterait autant d'entraves à l'avancement des glorieuses destinées de l'humanité que le dénuement abrutissant et la nullité intellectuelle qui, dans les classes inférieures de la société, prennent toujours un niveau correspondant à celui de l'égoïsme des classes moyennes et supérieures.

L'individualisme réclame la stricte réalisation du droit, et la philanthropie, celle du devoir. Le droit réalisé jusqu'à sa dernière limite dégénère en égoïsme et en despotisme, et le devoir accompli dans toute sa rigueur tourne à l'abnégation, au renoncement et au communisme. Le despotisme et le communisme sont, pour les sociétés humaines, des principes de décadence et de ruine, l'un et l'autre sont une dérogation à la loi de l'équilibre. Dans le despotisme, c'est le droit qui l'emporte abusivement ; dans le communisme, le devoir seul est pratiqué et le droit est méconnu. Le despotisme et le communisme, en rompant l'équilibre qui devrait être observé entre le droit et le devoir, pèchent par la base et ouvrent des issues à l'injustice. Sous le régime du communisme, celui qui mérite le plus n'obtient qu'une part égale à celui qui mérite le moins : *la justice est violée à l'égard du plus méritant.* Sous le régime du despotisme et de l'égoïsme, ce qui est tout un, la part de l'inférieur, du faible est rognée et ce qui en est retranché est ajouté à celle du supérieur, du fort. *La violation de la justice a lieu alors à l'égard du moins méritant, de l'inférieur, du faible, de celui auquel revient déjà la part la plus infime.*

Lorsque les principes qui se font opposition appartiennent à la substance et qu'ils viennent à se combiner, ils se décomposent et disparaissent, parce qu'ils se transforment en un principe homogène qui ne ressemble à aucun des deux, et qui les contient, sans qu'on puisse discerner dans le principe composé, une seule parcelle des deux principes primitifs. C'est ainsi que la combinaison du soufre et du cuivre étant réalisée, on ne trouve plus ni soufre ni cuivre, il n'y a plus que du sulfure de cuivre.

Si les principes qui se font opposition relèvent de l'esprit ou de l'atome, ils se concilient sans se décomposer, c'est pourquoi aussi, ils ne se transforment et ne disparaissent point. Alternativement l'un cède le pas à l'autre. C'est là le mode de la conciliation des principes de l'esprit et de ceux de l'atome, en voici un exemple tout hypothétique, mais qui pour cela n'en est pas moins très-vraisemblable. La ligne circulaire que la terre décrit autour du soleil est due au concours équivalent de la ligne de pesanteur et de celle de projection. Il est à supposer que cette ligne circulaire n'est pas une courbe continue, mais une ligne droite qui sans cesse se brise et déraille. Le déraillement correspond exactement à l'influence alternative des deux lignes qui participent à la formation de la ligne circulaire. La ligne de projection s'éloigne, à un moment donné, de la ligne de pesanteur qui l'a un instant retenue asservie et elle se rapproche du soleil, ce qui est sa direction normale ; la ligne de pesanteur cède à son tour à la ligne de projection, et elle place le point d'arrivée de sa ligne droite à la nouvelle limite atteinte par la projection. La ligne de pesanteur et celle de projection prennent donc alternativement le dessus. Cette manière de procéder s'appelle agir par réactions. Les réactions sont le mode de la conciliation des principes de l'esprit et de ceux de l'atome, tandis que la transformation, c'est-à-dire la dénaturation est celui de la combinaison des principes de la substance.

Si la ligne de pesanteur et celle de projection décrivaient une ligne circulaire continue, ce serait pour elles une dénaturation et une transformation. Pour que ces deux lignes se maintiennent identiques, il faut pour l'édification de la ligne circulaire que leur concours soit alternatif. Dans le sulfure de cuivre, l'on ne trouve aucune parcelle de soufre ni de cuivre, on ne trouve que du sulfure de cuivre, c'est-à-dire une substance qui participe du soufre et du cuivre, mais qui ne ressemble à aucun des deux. C'est, selon nous, le contraire qui aurait lieu dans la circulaire décrite par la terre autour du soleil, on y trouverait alternativement des parcelles de ligne de pesanteur et des parcelles de ligne de projection. Les deux lignes génératrices de la ligne circulaire ne décriraient pas une courbe continue, mais une courbe résultant d'une infinité de petites lignes droites qui dériveraient les unes de la ligne droite de pesanteur, les autres de la ligne droite de projection, il s'ensuivrait que la ligne de pesanteur et celle de projection ne se décomposeraient, ne se transformeraient et ne disparaîtraient point, elles subsisteraient concurremment à la ligne circulaire qu'elles décriraient en intervenant alternativement et sans subir aucune altération.

Dans le cosmopolitisme, qui est du domaine de l'esprit, l'on distingue également la part du concours respectif de l'intelligence et du sentiment, du droit et du devoir, de l'individualisme et de la philanthropie, de la liberté et de l'autorité. Ces principes, chacun dans ce qui le concerne, procèdent par alternats ; ils se mélangent, se restreignent, s'élargissent, mais comme ils relèvent de l'esprit, ils ne se décomposent point, ils ne se transforment point et ils ne disparaissent point. Ils subsistent en présence de leur terme composé, le cosmopolitisme.

C'est moyennant une subordination alternative et réciproque dans leurs contacts que les deux forces opposées de la matière, la ligne de pesanteur et celle de projection, font décrire à la terre une ligne circulaire qui donne toute facilité à la lumière et à la chaleur du soleil d'arriver jusqu'à elle. C'est en imposant les mêmes concessions réciproques et égales à l'intelligence et au sentiment, à l'individualisme et à la philanthropie, au droit et au devoir, à la liberté et à l'autorité, que les hommes feraient acte d'obéissance à la loi morale qui les régit et qu'ils fonderaient le règne du cosmopolitisme, en dehors duquel il ne peut y avoir pour eux ni paix, ni félicité durables. Malheureusement les puissances intimes du for intérieur de l'homme ne réalisent point entr'elles, ou tout au moins insuffisamment, l'entente cordiale dont les forces actives de la matière nous offrent le spectacle dans les célestes régions, et jusque dans les détails les plus infimes de la création. En présence des prospérités croissantes qui lui permettraient de subvenir aux grands besoins sociaux, l'individualisme se maintient dans les mêmes limites, ses préoccupations et sa sollicitude ne se mettent point en quête de nouveaux horizons, en un mot l'individualisme *ne déraille point*, il ne cède point à la philanthropie son tour de prépondérance. Jusqu'ici le fait dominant de l'individualisme, c'est de s'immobiliser dans la famille, au milieu même des circonstances prospères qui devraient provoquer son émancipation philanthropique, et le sortir de ce milieu restreint comblé jusqu'à satiété. L'exclusivisme intempestif et démesurément prolongé de l'*individualisme famillial* le fait dégénérer en *égoïsme famillial*.

L'*égoïsme famillial*, détenteur sordide de la part

de bénéfice et de dévouement moralement due au prochain et à la patrie, est pour les nations un principe d'incohérence et d'antagonisme. Il fait obstacle à la bonne entente nationale, il est la plaie secrète, le vice fondamental qui, sous un semblant de vertu, achemine sournoisement les nations à la désorganisation et à la ruine.

L'atome étant inerte et inconscient, la loi s'y impose rigoureusement et oblige chacun des deux principes de l'atome qui sont en opposition de céder, dans le moment opportun, son tour de prépondérance à l'autre principe un instant subordonné.

Pour l'esprit qui est conscient, la loi n'est plus qu'une règle facultative qui laisse au libre arbitre le choix de s'y soumettre ou de l'enfreindre. Sous l'influence des sollicitations simultanées et opposées de l'intelligence et du sentiment, de la conscience et de la manière d'être dominante de l'individu, le libre arbitre, au lieu d'alterner avec à propos la prépondérance de chacun des deux principes qui se font opposition, maintient souvent outre mesure la prépondérance de l'un des principes au préjudice de celui qui lui est opposé. Cette dérogation à la loi de l'équilibre entraîne des désordres et des souffrances qui, arrivés à une certaine limite, provoquent de la part du principe trop longtemps méconnu une réaction proportionnelle et conséquemment extrême, qui produit, dans le sens contraire, une somme de souffrances et d'anarchie aussi grande que celle qui est résultée de la prépondérance abusivement progressive et prolongée du premier principe.

Pour l'esprit comme pour la matière, l'accomplissement de la loi est la condition irrémissible de la persistance de la vie et de toutes ses prospérités.

Lorsque les rapports des principes et des mobiles opposés dont s'inspirent les hommes pour agir s'établissent dans leur esprit conformément à la loi, la vie de l'humanité persiste et s'embellit de tout ce qui peut la faire grande et heureuse. Lorsque ces rapports sont contraires aux prescriptions de la loi, la vie humaine, dans une mesure proportionnelle à l'infraction, décline et se complique de souffrances.

La vie et la félicité étant les deux points de mire de l'homme, il est manifeste que si l'homme est libre, il inclinera à accomplir la loi qui lui garantit la vie et la félicité. Le contraire n'arrive que trop souvent, fréquemment l'homme contrevient à la loi. Les nombreuses infractions de l'homme aux prescriptions de sa loi ne doivent cependant point faire douter de la liberté de l'homme ; elles prouvent au contraire, son libre arbitre, c'est-à-dire la liberté laissée à l'homme de se conformer ou de contrevenir à la loi. Mais si les infractions à la loi confirment le libre arbitre de l'homme, elles dévoilent chez celui qui s'en rend coupable l'insuffisance de son esprit à apercevoir la loi dans son vrai jour et à en saisir l'opportunité. Cette même insuffisance induit l'homme à des interprétations erronées de sa loi, lesquelles lui suggèrent le mal qu'il fait alors croyant faire le bien. Dans ce cas l'homme, il est vrai, n'est pas libre, puisque, croyant faire le bien, il fait le mal. Mais s'il n'est pas libre, c'est qu'il ignore la loi et que chez lui le faux s'est substitué au vrai. L'ignorance et l'erreur sont en effet pour la liberté de l'esprit ce que les barrières matérielles et les ténèbres profondes sont pour la liberté du corps, ce sont des obstacles et des embûches qui arrêtent l'esprit le fourvoient et rendent les chutes inévitables. L'ignorance et l'erreur disparaissent progressivement devant les persévérantes investigations de la science, c'est pourquoi la science est le solide fondement du libre arbitre de l'homme.

Cependant la science, même celle qui donne la connaissance de la loi, ne suffit point à l'homme pour le porter à observer sa loi. Il faut encore qu'à la connaissance de sa loi, il joigne l'amour pour sa loi. La volonté presque toujours entre dans les voies du sentiment, car l'amour est, de tous les mobiles de l'homme, le plus prompt et le plus puissant.

APPENDICE.

Réfutation rationnelle de quelques affirmations scientifiques encore controversées.

Avant de donner suite à nos développements, notons ce point essentiel, c'est que notre premier chapitre a été consacré à une recherche sur les principes qui a fourni entr'autre quatre données principales bien définies, que nous avons utilisées et que nous continuons à utiliser comme des moyens de contrôle pour affirmer ou rejeter tout ce qui peut être dit de l'esprit, de la matière et de leurs principes respectifs. Nous rappelons ci-dessous ces quatre données dans l'ordre même que nous avons suivi pour les établir.

1° *L'inertie de la matière.* L'inertie de la matière signifiant absence de volonté et conséquemment de conscience, implique la docilité de la matière à se laisser influencer par des causes extérieures, et son aptitude à rétablir spontanément dans leurs manières d'être primitives son activité et ses produits, au fur et à mesure que la cause extérieure qui les a modifiés vient à disparaître. L'inertie ne dénie pas à la matière la spontanéité de son activité primitive, mais seulement la spontanéité qui fait progresser et innover.

2° *Le caractère conscient de l'esprit.* La faculté consciente permet à l'esprit de prendre connaissance des objets extérieurs, tant spirituels que matériels, de s'assimiler cette connaissance de telle sorte, qu'elle lui reste acquise, même après la disparition de l'objet qui en a été l'occasion, puis de puiser dans cette connaissance identifiée en lui une activité spontanément progressive et novatrice.

3° *La constance et l'universalité du principe de l'analogie.* Le principe de l'analogie repose sur cette hypothèse que le Créateur renferme tous les principes de vie et qu'en dehors de ces principes, rien ne saurait exister, d'où il suit nécessairement que l'esprit humain et la matière sont des reproductions analogiques, graduellement affaiblies de l'Esprit supérieur. Ce que nous avons constaté des analogies existant entre l'esprit humain et la matière milite en faveur de l'analogie qui semble devoir exister entre l'esprit humain et l'Esprit supérieur, d'autant plus qu'à côté du principe de l'analogie, se place inévitablement le principe de la dualité ou opposition connexe, dont l'importance capitale efface tout ce que le principe de l'analogie pourrait avoir d'irrévérencieux à l'égard de Dieu.

Du principe de l'analogie se déduit naturellement la proposition suivante : *L'esprit humain et la matière ont été édifiés d'après une unité de plan dont le type est l'Esprit supérieur et par suite de l'unité de plan, une même loi régit l'esprit humain et la matière.* Toutefois cette loi admet, pour l'esprit, des différences ou renchérissements correspondant à sa supériorité sur la matière.

4° *La constance et l'universalité du principe de la dualité ou opposition connexe.* Dans l'esprit et dans la matière, les oppositions se rapportent aux caractères d'essence, de nature. L'opposition est un principe individualiste, il divise, il sépare et il détermine entre l'Esprit supérieur, l'esprit humain et la matière la distance infranchissable qui les maintient à tout jamais séparés et distincts. Dans l'esprit, comme dans la matière, la dualité se trouve au fond de toutes les choses, de tous les principes et subdivisions de principes, ce qui devait être, car *la dualité est le type de l'unité de plan de la création;* elle est encore *le fait capital régi par la loi une et universelle.* Puis la dualité, en parfaite concordance avec la loi de l'équilibre fournit des données qui mettent l'homme sur la trace de sa loi ; en effet, c'est de l'équivalence foncière des deux termes de la dualité que surgit spontanément, dans le sens intime, la conscience de la loi de l'équilibre qui prescrit à chacun des deux termes de la dualité, par suite de leur équivalence foncière, d'apporter dans les actes de l'esprit et dans les opérations de la matière un concours d'activité équilibré, c'est-à-dire équivalent.

Les deux principes opposés et connexes constituant la dualité sont une cause complexe dont l'activité, réglée par la loi de l'équilibre, donne pour résultat un acte, un effet, un produit, un travail.

Contrairement à l'opposition, qui est un principe de division, de séparation, la connexion, adéquate à l'opposition, est un principe de liaison et de philanthropie qui relie les deux principes opposés et connexes, et détermine entre eux des rapports de conciliation et de bonne entente.

La simultanéité du principe de l'analogie et de celui de la dualité ou opposition connexe est un exemple tout primitif de la constitution du principe de la dualité, lequel a existé de toute éternité, puis s'est enfin réfléchi dans la création.

La dualité, ou opposition connexe doit être censée exister si nécessairement et si universellement, que toute solution qui impliquerait la négation de la dualité, c'est-à-dire l'élimination de l'un quelconque des deux termes de la dualité, serait par ce seul fait récusable.

De ces quatre données, les deux dernières sont fondamentales, elles ont servi à établir et à prouver les deux premières. C'est en nous fondant sur ces quatre données que nous avons édifié une théorie de la loi morale dont le point de départ a été d'observer ce qui se passe dans la matière pour en inférer que même chose se passe dans l'esprit. Nous avons constaté que l'équilibre ou le concours équivalent des principes opposés et connexes est la loi qui régit invariablement et fatalement toutes les opérations de la matière, d'où nous avons conclu que ce même équilibre des principes opposés et connexes doit être aussi la loi de l'esprit.

Si nous nous en étions tenu là, notre méthode aurait été incomplète et comme cela est pour les matérialistes et les positivistes, en quelque chose notre conclusion aurait été inexacte et plus ou moins démoralisatrice.

Les matérialistes et les positivistes ont le tort d'avoir une confiance exclusive dans les données fournies par les sens et dans le principe de l'analogie. Ils partent des faits matériels pour analogiquement préjuger les faits spirituels, sans songer que les caractères supérieurs de l'esprit doivent déterminer, pour tout ce qui s'y rapporte, quelque renchérissement dans ce qu'il peut y avoir de commun et d'analogue entre l'esprit et la matière. La méthode analogique, (page 49) c'est-à-dire la méthode pour étudier les analogies, n'est point exclusive, elle admet le témoignage des sens et celui de la spéculation, celui de l'analogie et celui de la dualité ; elle est tout à la fois une méthode empirique et une méthode rationnelle, c'est ce qui fait sa supériorité sur chacune de ces deux méthodes suivie isolément. Sur la proposition que l'équilibre ou le concours équivalent des principes opposés et connexes est une loi commune à l'esprit et à la matière, la méthode analogique porte son attention sur les caractères d'essence de l'esprit et de la matière que l'on présume être tous deux régis par la même loi. Elle signale les différences de leurs caractères respectifs, et ces différences signalées, elle formule les effets différents qui doivent en résulter et qu'elle apprécie alors plus véridiquement, par la raison que tout effet est relatif à une cause et que la connaissance de la cause facilite l'appréciation de ses effets ou produits.

La méthode analogique, en tenant compte de cette importante différence de l'esprit et de la matière, signalée par la dualité, que l'un est inconscient et l'autre conciente, conclut qu'il doit exister entre leur loi respective deux différences d'une grande valeur moralisatrice, que nous résumons ici :

1° Pour l'esprit qui est conscient, la loi ne peut être que *facultative,* tandis que pour la matière inerte, c'est-à-dire sans conscience et sans volonté, la loi est *fatale, irréductible.* D'où il suit que l'homme est responsable de ses actes et qu'au contraire, dans toutes ses opérations, la matière est irresponsable.

2° La matière étant inconsciente, son activité est stationnaire et sa loi est de donner autant qu'elle reçoit. L'esprit, par cela même qu'il est conscient, a une activité progressive et novatrice qui, avec le temps, permet à chaque individu de produire plus qu'il ne consomme et par conséquent de réaliser des bénéfices. L'équilibre parfait entre *donner et recevoir* n'est plus à la hauteur de l'homme. Puisque l'homme produit plus qu'il ne consomme, il faut qu'il donne à la société plus qu'il n'en reçoit ; il faut qu'il fasse deux parts dans ses bénéfices, dont l'une pour lui-même et l'autre pour la société.

Toujours en nous fondant sur l'observation du fait matériel, et en tenant compte des différences de caractère d'essence des causes, nous avons indiqué avec beaucoup de précision le moment où cette part de bénéfice doit être abandonnée à la société. Nous avons constaté que les corps organiques ne se mettent sur le pied de rendre à l'extérieur l'équivent de ce qu'ils en reçoivent que lorsqu'ils ont acquis tout le développement dont ils sont susceptibles. Déductivement, l'individu doit aussi pouvoir reculer le moment de verser dans la société la part de bénéfice qu'il lui doit moralement. En déduction de ce qui existe pour les corps organiques, nous avons donc posé ce principe, que chaque individu a le droit de se préoccuper d'abord de lui-même et des siens, afin d'acquérir la plus grande somme possible de science et de prospérités mondaines et matérielles. Par là un double but est atteint : l'individu et les siens s'élèvent d'abord eux-mêmes en puissance, et se trouvent dans l'âge mûr dans de bonnes conditions pour donner à la société plus qu'ils n'en reçoivent, sans cesser de progresser eux-mêmes et de concourir ainsi d'autant plus efficacement au développement de la puissance sociale. Cette théorie donne une égale satisfaction aux tendances opposées de l'esprit humain, l'individualisme et la philanthropie, et elle est en parfaite concordance avec le génie essentiellement perfectible de l'individu et de l'humanité. La ligne de conduite qu'elle trace est en effet, celle qui peut le plus sûrement activer le progrès tant individuel que collectif.

C'est encore sur ces quatre données, l'inertie de la matière, le caractère conscient de l'esprit le principe de l'analogie et celui de la dualité, que nous nous appuyons pour réfuter l'unité absolue ou indivisible de l'esprit et de la matière, la mortalité de l'âme, la transformation des espèces et celle de l'homme, l'hétérogénie et la transformation des forces physiques. Tout d'abord, cette réfutation multiple faisait partie de notre deuxième chapitre ; nous l'envisagions comme une occasion de faire, en plusieurs reprises, l'épreuve de nos moyens de contrôle, et d'en démontrer la rigueur extrême. Toutefois, comme cette réfutation n'était pas indispensable pour la bonne démonstration des principes fondamentaux de la loi morale qui nous occupait alors, et qu'elle alanguissait la marche des idées qui se rattachaient à cette démonstration, nous l'avons retirée du corps de l'ouvrage pour la rejeter à la fin sous forme d'appendice.

Cet appendice ne manque pas d'à-propos. L'unité absolue ou indivisible de l'esprit et de la matière, la mortalité de l'âme, la transformation des espèces et celle de l'homme, l'hétérogénie et la transformation des forces physiques érigées en vérités certaines, font par déduction analogique douter de la spiritualité, de l'immortalité et de l'identité de l'âme, et c'est précisément la foi dans ces différents caractères de l'âme qui assure l'efficacité des préceptes moralisateurs. Puisque la moralisation de l'âme est le but que nous nous sommes surtout proposé, il est de notre sujet de combattre des affirmations scientifiques qui ratifient le scepticisme, le panthéisme, le matérialisme, etc., kirielle de doctrines dont une des tendances manifestes est de nier le libre arbitre de l'homme, et déductivement de faire bon marché de sa dignité et de sa responsabilité morale.

Le principe de la dualité implique l'existence simultanée et distincte de deux espèces de nature, l'esprit et la matière, et en même temps l'opposition connexe de leurs caractères d'essence respectifs. L'opposition connexe qui existe entre ces deux natures, l'esprit et la matière, fait qu'il suffit de connaître les caractères de l'une de ces deux natures pour être à même de déterminer ceux de l'autre nature moins connue. L'esprit est, des deux natures de l'homme, celle que nous connaissons le mieux. Nous sentons intuitivement que notre âme est douée de sensibilité, de connaissance et du libre arbitre ou volonté consciente; conséquemment, l'essence de la nature matérielle du corps humain, en tant que nature opposée à l'esprit, est censée devoir être insensible, ignorante et inerte, c'est-à-dire sans volonté et sans conscience.

Ces caractères: l'insensibilité, l'ignorance et

l'inertie ou absence de volonté et de conscience, attribués spéculativement à la matière, en tant que caractères en opposition connexe avec les caractères de l'esprit, ont besoin d'être prouvés par l'observation de ce qui se passe dans la matière. Voici la marche à suivre pour obtenir la confirmation expérimentale de l'insensibilité, de l'ignorance et de l'inertie ou absence de volonté et de conscience de la matière.

Les circonstances extérieures n'expliquent pas toujours la différence des actes humains. Constamment nous voyons des hommes, placés dans des milieux et en présence de circonstances pareilles, agir dans les sens les plus divers. Cette diversité que les circonstances extérieures n'expliquent pas toujours est attribuable à la volonté consciente qui, parmi les motifs différents sortis de la délibération du for intérieur, opte pour celui qui représente la manière d'être dominante du moment de l'individu.

Contrairement à ce que nous venons de dire de l'esprit, tout ce qui se passe d'irrégulier dans les diverses circonscriptions de la matière est déterminé par des causes extérieures, ce qui n'oblige point à remonter pour expliquer les irrégularités que l'on y remarque, à la cause intérieure, indépendante et libre appelée volonté consciente. Si la volonté existait dans la matière, évidemment elle trouverait quelquefois l'occasion de se manifester et de déconcerter les savants qui, renseignés par l'expérience, attribuent toujours les irrégularités aux circonstances extérieures. Cette volonté ne se manifestant jamais, il s'ensuit qu'elle n'existe pas et que la matière est privée de volonté.

En raison de la connexion, de la solidarité et de l'indivisibilité qui existent entre les diverses facultés de l'esprit et qui font qu'aucune d'elles ne saurait faillir ou disparaître sans que les autres faillissent et disparaissent également, prouver, comme nous venons de le faire, que la matière n'a point de volonté, c'est encore prouver qu'elle est privée de sensibilité, de connaissance et de conscience. *Donc la matière est insensible, ignorante et inerte*, c'est-à-dire sans volonté et sans conscience.

Si la foi dans l'immortalité de l'âme et dans la séparation d'existence de l'âme et de la matière dont le corps humain est formé, est singulièrement ébranlée de nos jours par des investigations faites avec autant de bonne foi que de zèle, il faut l'attribuer à deux méthodes suivies trop exclusivement et qui, faute de s'entendre et de se contrôler suffisamment, ont failli à une tâche qui leur était commune, celle de l'édification de la science véridique du visible et de l'invisible. L'une de ces méthodes se borne à observer les faits matériels, et des faits matériels elle préjuge les faits spirituels de la manière suivante : le corps humain meurt, donc l'âme meurt avec le corps, elle n'est point immortelle. L'autre méthode se fonde sur les faits abstraits de l'esprit pour y assimiler les faits matériels d'où il suit qu'elle conclut que puisque l'esprit progresse, la matière aussi est apte à progresser. Dans le premier cas l'esprit est mal apprécié, rabaissé et matérialisé, tandis que dans le second cas la matière est estimée trop haut et spiritualisée. Cette double marche, matérialiser l'esprit et spiritualiser la matière, achemine insensiblement à une solution commune qui, sous le nom de *matérialisme,* s'est posée en doctrine. Le matérialisme c'est l'assimilation de l'esprit et de la matière et l'affirmation que les deux natures sont une, c'est enfin l'unité indivisible de l'esprit et de la matière, ou l'unité absolue de nature.

Pour les matérialistes, la pensée est une fonction du cerveau, la mort du cerveau entraîne fatalement la mort de la pensée. Les positivistes vont moins loin, ils semblent reconnaître deux natures, l'esprit et la matière ; mais de ce que le corps meurt, se décompose et disparaît, ils en concluent que l'esprit, dont on n'aperçoit aucun vestige après la mort du corps, partage la même destinée, qu'il meurt et s'anéantit. D'après les matérialistes, il n'y a point d'âme ; d'après les positivistes, l'âme existe, mais elle est mortelle, elle meurt avec le corps.

Pour rétablir les faits dans leur vérité, il faut considérer que les caractères d'essence de la matière sont des négations de l'être ; puis, que toutes les molécules des corps s'écoulent successivement et radicalement, et qu'elles sont remplacées par d'autres, ce qui implique analogiquement que le corps entier doit aussi disparaître radicalement. Les caractères d'essence de l'esprit humain, considéré dans sa généralité, sont, au contraire, des principes de vie, car chaque nouvelle connaissance que l'esprit acquiert s'ajoute à celles qu'il possédait antérieurement, ce qui augmente la plénitude de la vie de l'esprit humain. La conclusion logique qui en ressort, c'est que le corps est destiné à périr et l'âme à persister dans la vie.

Le principe de la dualité ou opposition connexe a tout ce qu'il faut pour combattre et faire disparaître les tendances matérialistes de notre époque. Les partisans de l'unité indivisible de l'esprit et de la matière, et ceux de la mortalité de l'âme, n'ont qu'un moyen de répliquer au principe de la dualité qui leur est objecté, c'est de citer des faits ou des principes auxquels ne correspondent point d'autres faits ou d'autres principes qui leur soient tout à la fois opposés et connexes, c'est enfin de prouver que la dualité ou opposition connexe n'est point un fait constant et universel.

Puisque les caractères de fond, d'essence, de nature de la matière sont l'insensibilité, l'ignorance et l'inertie, c'est-à-dire des négations de l'être, il s'ensuit que la matière n'a pas en soi son principe de vie, et conséquemment qu'elle a été créée, et que l'esprit, pourvu de ce qui est l'essence de la vie, la sensibilité, la connaissance et la volonté consciente, est le créateur de la matière.

L'Esprit supérieur renferme toutes les manières d'être. La création, esprit humain et matière, doit donc être quelque chose d'analogue à son principe créateur. Créer, c'est en effet l'action de l'Être projetant des reflets et des ombres qui reproduisent quelque chose de ce qu'il est lui-même. Les reflets sont des créations spirituelles, les ombres des créations matérielles. Il ne saurait y avoir identité entre le principe créateur et le principe créé; ces deux qualifications, créateur et création, sont pour eux le point de départ d'une série sans terme de dualismes ou d'oppositions connexes. Mais comme le principe créé ne saurait être qu'à la condition d'être une reproduction plus ou moins affaiblie du principe créateur, il s'ensuit qu'à côté des oppositions il existe entre eux des analogies. L'analogie devient ainsi un principe de fond qui se trouve être le principe opposé et connexe de la dualité. Ces deux principes, la dualité et l'analogie, fournissent des données prises à deux points de vue différents qui se complètent réciproquement. Le premier signale les dissemblances ou oppositions; le second, les ressemblances ou analogies.

Le principe dualiste affirme que tout principe et tout objet a un correspondant opposé et connexe, et le principe analogiste donne cette autre affirmation, que toute la création est une répétition indéfiniment variée et affaiblie de son créateur.

La dualité ou opposition connexe est un principe de séparation, de division et d'analyse. Le contingent fourni à la science par la dualité, c'est un immense répertoire de connaissances de fond, mais sans lien et devant lequel, si l'analogie ne venait en aide, l'esprit humain resterait confondu, parce que, n'apercevant pas la liaison qui existe entre ces diverses connaissances, il n'en pourrait saisir la vue d'ensemble, si nécessaire pour élucider les idées et soulager la mémoire. L'analogie est, au contraire, un principe d'unification et de généralisation. Elle facilite l'élaboration des vues d'ensemble, elle signale et constate les ressemblances qui existent entre toutes les choses. L'analogie classe, coordonne, généralise, et c'est par son moyen que la science universelle devient accessible à l'homme.

Pour que les inductions fournies par l'analogie méritent créance, il faut qu'elles soient contrôlées et au besoin rectifiées par le principe de la dualité. A côté des analogies, la dualité signale des oppositions qui, prises en considération, apportent les restrictions qui sont nécessaires pour rendre exactes, rigoureuses les conclusions vers lesquelles la constatation des analogies fait incliner. C'est parce qu'on s'est exclusivement fondé sur l'analogie, et que l'on n'a pas tenu compte de la dualité qui existe nécessairement à côté de l'analogie, que la question de la transformation des espèces et celle de l'homme a pu se produire. Cette question, qui d'ailleurs rencontre encore de nombreuses oppositions, est la conséquence logique d'une comparaison faite au point de vue de l'analogie, à l'exclusion de toute restriction dualiste. L'on est parti de cette considération que l'esprit humain est perfectible, que son activité se perfectionne et s'épure, que ses actes se spiritualisent de plus en plus, et que par déduction analogique l'activité de la matière doit aussi se perfectionner et ses produits devenir de plus en plus parfaits.

Raisonner ainsi, c'est ne point tenir compte des différences de nature qui existent entre l'esprit et la matière. L'esprit, par cela même qu'il est conscient, acquiert constamment et ne perd rien, il est donc susceptible d'un perfectionnement illimité et durable. La matière, au contraire, étant inconsciente, n'a aucun moyen de conserver la trace des modifications qui lui ont été imprimées par des causes extérieures et fortuites; celles-ci en disparaissant font évanouir toutes les modifications qu'elles ont déterminées. Les causes extérieures sont en outre choses variables et passagères, elles ne sauraient être considérées comme les agents d'une progression régulièrement ascendante, telle que devrait être celle qui transformerait un corps animal en un corps humain. La méthode analogique, qui tient compte de la différence de nature de l'esprit et de la matière, donne cette conclusion que, puisque l'activité de la matière est stationnaire, la transformation des espèces et celle de l'homme sont des faits inadmissibles.

A cette première objection faite à la transformation des espèces et de l'homme, nous en ajoutons une deuxième qui nous est encore fournie par la méthode analogique. Cette fois-ci, la méthode analogique n'a pas à tenir compte des différences de nature, car les deux objets comparés sont de même nature, mais comme ils diffèrent sous le rapport de la grandeur, la méthode analogique conclut du simple au composé, de l'individu à l'espèce, de la manière suivante :

Le mot individu signifie une unité simple et distincte de tout autre unité. L'espèce est une unité composée, c'est la réunion des individus qui sont semblables. L'espèce et chacun des individus faisant partie de l'espèce sont conséquemment de même nature, les caractères de celui-ci se retrouvent dans celle-là. Toutefois une nuance sépare entre eux les individus de même espèce et ne permet point de les prendre les uns pour les autres. Cette nuance représente le principe de l'individualité. La nuance, signe caractéristique de l'individualité personnelle, reparaît d'espèce à espèce et y remplit la même fonction que chez les individus, elle sépare les espèces et elle les empêche de se confondre. L'individualité est donc un caractère commun à l'individu et à l'espèce.

En déduction de la méthode analogique qui, dans le cas où les deux objets comparés sont de même nature, mais de grandeurs différentes, tire ses conclusions du simple au composé, de l'individu à l'espèce, *et vice versa,* nous tenons pour certain qu'aussi longtemps que le principe individualiste ne sera point enfreint chez les individus de même espèce, c'est-à-dire que tant que nous ne verrons pas un homme tellement semblable à un autre homme que l'œil le plus exercé ne puisse les distinguer l'un de l'autre, aucune espèce, non plus, ne sortira de son rang pour passer dans celui qui est contigu.

Le principe individualiste trace entre chaque règne de la nature une ligne de démarcation tout aussi inviolable que celle qui préserve de la confusion les individus et les espèces. Par là le principe individualiste atteint de ses dénégations jusqu'à l'hétérogénie qui, ne tenant aucun compte de l'individualité des règnes de la nature, affirme que la matière inorganique peut engendrer la matière organique.

L'hétérogénie et la transformation des espèces et de l'homme sont des questions de même ordre. L'une et l'autre seraient le renversement du principe individualiste, et l'une et l'autre partent de cette hypothèse erronée, que l'activité de la matière progresse et qu'elle ajoute incessamment des perfectionnements à ses produits.

Les deux objections que nous venons d'opposer à la transformation de l'homme et à l'hétérogénie, en nous servant de la méthode analogique, font comprendre l'importance des services que ce genre d'argumentation manié avec circonspection peut rendre dans la vérification des faits observés scientifiquement. A ces deux premières objections faites à la transformation des espèces et de l'homme et à l'hétérogénie, nous en ajoutons une troisième dont le principe de la dualité fait tous les frais.

Partout, dans la nature comme dans l'esprit, nous voyons qu'à tout principe est opposé un autre principe dont les tendances lui sont diamétralement opposées. Ces deux principes, en apparence incompatibles, tendent à s'équilibrer et à se concilier. Ils s'équilibrent et se concilient en effet. Cette coprésence de deux principes opposés, mais toujours conciliables, est manifeste. C'est sur cette donnée éprouvée que nous nous fondons pour rejeter comme faux et mal assis tout système, tant scientifique que moral, religieux et politique, qui fait prévaloir un principe jusqu'à exclure celui qui lui est opposé. Deux principes qui se font une opposition connexe et qui relèvent d'une seule espèce de nature, esprit ou atome, doivent se maintenir à l'égard l'un de l'autre, simultanés et équivalents. Le contraire ne saurait être, car toujours il donnerait les conséquences extrêmes et anéantissantes que nous avons indiquées en parlant de ce qu'il adviendrait dans les atomes du développement constamment prédominant de l'une ou de l'autre des forces de concentration et de dilatation.

Cette condition d'existence pour tout principe d'avoir un principe opposé et équivalent qui vient lui mesurer l'espace, peut être évoquée avec succès pour contredire la transformation des espèces, celle de l'homme et l'hétérogénie. Cette doctrine se trouve en présence de deux principes qui se font opposition et qui l'un et l'autre ne subsistent qu'à la condition de se faire mutuellement équilibre. Ces deux principes sont la *continuité* et la *solution de continuité* ou l'individualisme. La doctrine de la transformation de l'homme et des espèces et l'hétérogénie, au lieu de se fonder sur l'équilibre et la simultanéité de ces deux principes font le contraire, elles affirment le principe de la continuité et elles méconnaissent celui de la solution de continuité ; c'est ce que nous allons démontrer.

Toute la nature, tant inorganique qu'organique, se prête à une classification échelonnée dont les nuances sont tellement fondues que dans son ensemble, l'œuvre de la création est une chaîne continue, qui semble exclure toute solution de continuité et conséquemment tout principe individualiste. Car, remarquons-le bien, l'individualisme est un point d'arrêt, une solution de continuité qui sépare, qui clôt chaque individu, chaque espèce et chaque règne. Cependant ce n'est qu'à la faveur du maintien de l'individualité, principe de solution de continuité qui donne pour conséquence immédiate la fixité des individus, des espèces et des règnes, que la filiation échelonnée et ininterrompue des œuvres de la création a pu se maintenir jusqu'à nos jours. La suppression du principe de solution de continuité ou principe d'individualité aurait conduit inévitablement toutes les créations à une uniformité désespérante comme la mort ou à un inextricable chaos. Cette uniformité, de même que ce chaos, aurait été le tombeau de l'individualité, mais aussi celui de la continuité : la condition d'existence pour chacun de ces deux principes, c'est donc l'existence de l'autre, bien qu'il lui soit opposé et par cela même qu'il lui est opposé.

C'est à la participation simultanée et équivalente du principe de solution de continuité ou de l'individualisme et de celui de la continuité, qu'est due l'invariabilité de l'ordre qui règne dans la nature et qui s'est maintenue jusqu'à nous. L'invariabilité de cet ordre permet aux hommes de travailler pendant la longue suite des siècles à une classification régulière et certaine des œuvres de la création. Cette classification s'édifie à l'aide de deux méthodes qui ont besoin de se compléter réciproquement : l'une, c'est l'analyse, l'autre, la synthèse. L'analyse repose tout entière sur le principe de l'individualité, la synthèse sur celui de la continuité. Chaque génération redresse les erreurs, complète les documents laissés par les générations précédentes, sans avoir jamais à signaler des perturbations permanentes qui déconcerteraient la science et l'empêcheraient d'achever son œuvre grandiose, celle qui, par la connaissance des œuvres de la création, conduit à la connaissance de celui qui en est le Créateur.

La doctrine de la transformation suppose que le corps humain a suivi une gradation continue. C'est admettre le principe de la continuité et en même temps rejeter celui de l'individualité, car évidemment ce dernier principe serait violé chaque fois que l'individu passerait d'une espèce à celle qui suit. Cette même violation du principe de l'individualité se commettrait dans l'hétérogénie, puisque son fait serait de transformer la matière inorganique en matière organique. La doctrine de la transformation de l'homme et des espèces et l'hétérogénie, reposant entièrement sur le principe de la continuité et le rejet du principe de l'individualité, violent le principe de la dualité et encourent par là une condamnation suffisamment motivée.

Violer le principe de la dualité, c'est encore déroger à la loi de l'équilibre dont le jeu des forces de concentration et de dilatation, dans l'atome, nous a donné une première idée si claire et si précise : loi admirable et universelle qui fait dépendre l'existence de chaque principe de l'existence même du principe contraire, et qui produit l'harmonie, non par voie d'exclusion, mais par la conciliation et l'équilibre des contraires.

Du reste, la continuité qui embrasse dans son cadre toute la création, ne peut être, pour tout ce qui est de l'ordre matériel, qu'une progression immobilisée, parce que la matière qui est l'essence de cet ordre est elle-même inerte et stationnaire. Cette progression immobilisée de l'ordre matériel est la représentation totale, permanente et symbolique de la progression active que l'esprit humain est appelé à parcourir pendant la longue suite des siècles.

La conception de la constitution dualiste des principes contredit encore ce qu'on appelle la transformation des forces physiques. Elle fournit des arguments qui font apprécier ce phénomène autrement qu'on ne l'a fait jusqu'ici. La transformation de la chaleur en travail est, de toutes les applications de la transformation des forces physiques, celle qui a été le plus étudiée.

C'est aussi celle qui nous servira de thème pour démontrer rationnellement que les forces physiques ne se transforment point, et que les principes ou éléments de substance seuls se transforment. Pour rendre plus compréhensible la suite du raisonnement qui conduit à cette solution, il convient de donner dès à présent l'exposé circonstancié des principes sur lesquels se fonde cette solution, afin qu'on puisse y recourir pour dégager et classer ce qui dans la démonstration pourrait être obscur et mal exprimé. Cet exposé comprend dix points que nous détaillons ci-dessous :

1° Lorsque deux principes opposés et connexes viennent à se mettre en rapport, il y a entre eux, ou conciliation, ou combinaison.

2° La conciliation, comme la combinaison, donne un produit qui participe des deux principes mis en contact.

3° *Dans la conciliation*, aucun des deux principes en contact ne se décompose, ne se dénature, ne se transforme. On voit distinctement dans le produit la part de concours apportée par chacun des deux principes : la cause et l'effet sont distincts et coprésents.

4° *Dans la combinaison*, chacun des deux principes se décompose et se dénature. Les deux principes s'assimilent profondément et se transforment en un seul corps homogène, dans lequel on ne discerne aucune trace des deux éléments qui le composent : l'effet a pris la place de la cause dont toute trace a disparu.

5° Entre la conciliation et la combinaison, il y a donc cette différence, que dans la conciliation les deux principes restent identiques et distincts, la cause et l'effet existent simultanément, tandis que dans la combinaison, les principes perdent leur identité, ils se dénaturent et se transforment ; l'effet se substitue à sa cause.

6° La conciliation est le mode des rapports qui s'établissent entre les principes opposés et connexes qui relèvent soit de l'esprit, soit de l'atome.

7° La combinaison est le mode des rapports qui s'établissent entre les principes ou éléments opposés et connexes qui relèvent de la substance.

8° Toute règle comporte des accommodements et des exceptions, ainsi le veut le principe de la dualité.

9° Le paragraphe 6° donne lieu à une addition pour un cas qui n'y est pas énoncé, c'est que lorsque les deux principes qui se mettent en contact sont l'un de l'ordre spirituel, l'autre de l'ordre matériel, comme l'âme et le corps, il y a entre eux conciliation.

10° Le paragraphe 7°, a aussi besoin d'être complété pour un cas qui fait exception à la règle qu'il contient. Deux ou plusieurs éléments de substance peuvent être mis en contact sans qu'il s'ensuive pour eux combinaison, ce qui a lieu alors c'est une conciliation, un mélange. Dans ce cas, s'il y a conciliation et non combinaison, c'est parce qu'il n'y a point d'opposition connexe entre les éléments co-présents; ils sont différents les uns des autres, mais non pourvus de caractères opposés et connexes. Leurs caractères spéciaux, bien que différents, sont similaires. Les molécules des principes similaires se repoussent, ou plutôt elles se concentrent et se replient chacune sur elle-même, ce qui les empêche de se décomposer et de se transformer.

Au point de vue de la dualité, cette expression, *transformation de la chaleur en travail,* n'est point correcte. Chaleur et travail ne sont point des termes qui s'opposent avec connexion. Ce qui avec connexion est opposé à la chaleur, c'est le froid. Ce que nous avons dit (page 59) du grand et du petit s'applique en effet avec une parfaite convenance au chaud et au froid. Comme le grand et le petit, le chaud et le froid sont les deux extrèmes d'un seul et même principe dont les divers degrés mis en présence se font une opposition connexe. Leur mutuelle existence est sous la même dépendance réciproque. En outre, comme conséquence indubitable de la nécessité de leur simultanéité et de leur équivalence foncière, le chaud et le froid ne peuvent chacun produire un effet qu'avec le concours de l'autre. Le déplacement des molécules, la force ou le travail, ce qui est tout un, sont un effet. Un effet est produit par une cause, et toute cause, en vertu du principe de la dualité estimé constant et universel, doit pouvoir se subdiviser en deux principes opposés et connexes. Le travail ne peut donc être le produit de la chaleur seule, mais bien plutôt le produit du chaud et du froid mis en contact, de même que la ligne circulaire que décrit notre planète autour du soleil est le produit commun de la ligne de pesanteur et de celle de projection.

La chaleur est une force de dilatation, le froid une force de concentration. La chaleur, force de dilatation, n'est qu'une force motrice ; le froid, force de concentration, est seul dépositaire de la force effective. La chaleur dilate ce que le froid a concentré et réduit à un petit volume. La dilatation, c'est la force déployant son activité. Mais où il n'y a pas amas, concentration, la dilatation n'a pas lieu et la force est inactive, ou plutôt absente. Si la chaleur vient à traverser le vide, ou un espace où les molécules sont préalablement raréfiées, dilatées, la chaleur ne réalisera aucune dilatation et par conséquent aucune force, aucun travail. Pour que la chaleur produise une force, un travail, il faut qu'elle dilate ce qui est concentré par un froid relatif, et réciproquement, le froid et la concentration, pour devenir forces agissantes, ont besoin d'être traversés et dilatés par la chaleur. La force et le travail sont donc le produit non de la chaleur seule, mais le produit des rapports et des réactions réciproques qui s'établissent entre le chaud et le froid, la dilatation et la concentration.

Puisque la chaleur ne se convertit, ne se transforme point en force, en travail, elle doit, après le travail effectué, se retrouver quelque part, sans aucune déperdition. C'est le contraire qui est admis, et ce contraire est fondé sur l'observation directe du fait matériel. L'observation du fait matériel, bien que souvent décevante, a sans doute de l'importance, mais on l'a trop exaltée de nos jours, au préjudice de ce qui lui est opposé, et sans lequel elle ne pourrait faire un pas. Pour arriver à une conclusion, toute observation faite par l'intermédiaire des sens doit être accompagnée d'un *à priori* de l'esprit qui sert à classer et à coordonner les faits observés. Cet *à priori* de l'esprit est le fait d'une logique intuitive inhérente à l'esprit humain. La logique intuitive de l'esprit a, sur l'observation directe du fait matériel, l'avantage de pressentir souvent le fait matériel encore inconnu, puis après que l'observation directe et positive a confirmé le fait matériel pressenti, de faire de ce fait confirmé le point de départ de nouvelles intuitions. Convenons cependant que ces intuitions font parfois fausse route, et conséquemment qu'elles n'ont droit de créance que lorsque le fait matériel pressenti vient les confirmer expérimentalement. Les aberrations de la méthode purement spéculative, et celles, non moins nombreuses, de la méthode empirique, prouvent que ces deux méthodes n'ont ni l'une ni l'autre le droit de se dénigrer, mais qu'elles sont toutes les deux intéressées à s'entr'aider et à se contrôler réciproquement et bienveillamment.

Quant à nous, nous regrettons de ne point posséder les connaissances qui nous seraient nécessaires pour vérifier, par l'observation minutieuse du fait matériel, nos conclusions rationnelles. Nous pensons qu'observé au point de vue que nous avons énoncé, le fait de la transformation de la chaleur en travail pourrait être interprété différemment que par le passé et fournir des données qui confirmeraient nos présomptions.

Nous venons de démontrer en nous basant

sur le principe de la dualité que, contrairement à ce qui est actuellement accrédité, la chaleur ne se transforme point en travail, et conséquemment qu'elle ne disparaît pas. Nous voulons confirmer cette proposition par un raisonnement fondé sur l'analogie qui existe entre l'esprit et l'atome, et sur celle qui déductivement doit subsister entre leur activité respective.

Nous rappelons ci-dessous les analogies qui seront la base de nos arguments, afin de ne rien omettre de ce qui peut y apporter de la clarté.

L'atome et la substance sont les deux principes constitutifs de la matière, ils reproduisent analogiquement les deux principes constitutifs de l'homme, l'esprit et la matière.

La substance, c'est ce qui dans la matière est perçu par les sens.

L'atome, c'est le mouvement, la vie de la matière. Ses principes constitutifs et leur activité respective sont : *le froid*, force de concentration et ligne de pesanteur ; *le chaud*, force de dilatation et ligne de projection et *la loi faisant l'office de la volonté pour imposer fatalement* aux principes opposés et connexes l'équivalence de leur activité respective, comme conséquence naturelle de leur équivalence foncière et inaliénable.

Les trois principes constitutifs de l'atome et les trois modes d'activité qui en dérivent sont la reproduction analogique des trois principes constitutifs de l'esprit humain : *l'intelligence, le sentiment* et *la volonté*, et de leurs tendances respectives, l'individualisme, la philanthropie et le libre arbitre ou *liberté de se soumettre ou de se dérober à la loi*. Toutefois cette liberté n'est pas privée de toute espèce de direction. Le libre arbitre est conscient de ce qui se passe dans le for intérieur, il est donc conscient de l'équivalence foncière et ce calque révélateur de la loi de l'équilibre lui infuse la conscience de la loi, circonstance qui le prédispose à s'y conformer, sans toutefois l'y contraindre.

De même que l'esprit humain commande au corps, de même aussi l'atome gouverne la substance, il est l'agent de toutes les transformations des éléments de la substance; celle-ci est passive dans ses rapports avec l'atome, l'atome seul est actif et cause efficiente, il procède par réactions ou alternative des lignes de pesanteur et de projection.

Nous avons signalé (page 234) la différence qui existe entre la conciliation et la combinaison. Nous reprenons, telle que nous l'avons laissée, cette proposition que nous élucidons par des exemples de l'un et l'autre cas.

Le soufre et le cuivre sont des principes ou éléments de la substance. Lorsqu'ils se combinent tous les deux disparaissent complétement pour former un seul corps noir et homogène appelé sulfure de cuivre, lequel ne ressemble ni au soufre ni au cuivre. Nous supposons, puisqu'ils se combinent, que le soufre et le cuivre sont deux principes en opposition connexe. Le soufre et le cuivre en se combinant disparaissent, parce qu'ils se décomposent et se transforment. Il n'y a plus ni soufre ni cuivre, il n'y a plus que du sulfure de cuivre. Nous nous fondons sur cet exemple pour dire que c'est là le résultat que donnent les combinaisons des principes ou éléments de la substance. La combinaison décompose et transforme les deux principes ou éléments de substance en un seul corps homogène qui diffère essentiellement de chacun d'eux. D'où il faut conclure que la substance et les éléments de la substance se décomposent et se transforment.

Il y a maintenant à examiner si la conciliation des principes de l'atome se résout aussi en décomposition et en transformation. Dès à présent, nous prévoyons que nous conclurons pour la négative, car nous considérons l'atome et la substance comme étant chacun d'une nature différente, et que nous n'admettons point que deux espèces de nature procèdent de la même manière. Le principe de la dualité fait présumer que chacune des deux natures procède d'une façon diamétralement opposée, puisque chacune d'elles est pourvue d'attributions opposées. C'est ce que nous voulons établir par déduction analogique. A cet effet, nous examinerons ce qu'il advient dans les deux natures de l'homme, l'esprit et le corps, pour attribuer des phénomènes analogues aux deux natures correspondantes de la matière, l'atome et la substance.

Il tombe sous les sens que le corps humain se décompose et que ses éléments forment de nouvelles combinaisons. Les éléments constitutifs du corps humain peuvent devenir éléments constitutifs d'un végétal, ou de tout autre objet matériel, pierre, minéral, etc., ce qui est parfaitement analogue aux transformations des éléments de la substance, dont la combinaison du soufre et du cuivre nous a fourni un exemple, sur lequel nous nous sommes fondé pour dire que la substance de la matière est décomposable et transformable.

Le corps humain est donc foncièrement décomposable et transformable. Par opposition, l'esprit humain est inaliénable, mais puissant à émettre et à dépenser des forces qui accomplissent des actes, du travail; la force émise et dépensée par l'esprit et ce qui en est résulté, effet, acte, travail, produit, n'enlèvent rien à l'esprit.

Citons-en un exemple : lorsque l'intelligence et le sentiment viennent à se mettre en rapport, la volonté consciente appelée aussi libre arbitre survient par surcroît et émet un effort, une force que l'intelligence et le sentiment, chacun de son côté, s'efforcent de mouler à leur convenance. L'effort, la force émise par le libre arbitre et agissant sous l'influence de l'intelligence et du sentiment, divisés ou unis dans une bonne entente, est l'intermédiaire chargée d'accomplir un travail qui, dans l'esprit, est un acte d'option et de volition. L'acte de volition réalisé l'effort, la force seule disparaît, parce qu'elle est épuisée, mais l'intelligence, le sentiment et le libre arbitre restent présents et intacts, ils ne se sont ni décomposés, ni transformés.

Si l'intelligence, le sentiment et le libre arbitre disparaissaient au moment où l'acte de volition se produit, nous dirions que ces trois facultés de l'âme se sont transformées en un seul et même principe qui les comprend sans ressembler à aucun d'eux, et ce principe, ce serait l'acte de volition même. Mais il se rencontre que ces diverses facultés de l'âme continuent, en présence de l'acte de volition réalisé, à subsister, à fonctionner et à produire d'autres actes de volition. Elles ne se sont donc point transformées. En se concertant, en se conciliant, ces diverses facultés ont créé, émis une force, un effort ayant forme, et c'est cette force, cet effort qui a accompli l'acte de volition.

L'analogie qui existe entre l'esprit et l'atome doit faire supposer que ce qui s'accomplit dans l'esprit, s'accomplit d'une façon analogue dans l'atome. Ce qui permet de supposer que lorsque le froid et le chaud viennent à se mettre en rapport, la loi physique, à l'instar de la volonté, émet un effort, une force qui agit sous l'influence du froid et du chaud, de la concentration et de la dilatation ; que cet effort, cette force seule disparaît après avoir effectué le travail, ou acte, parce qu'elle est épuisée et que conformément à ce qui se passe dans l'âme à l'égard de l'intelligence, du sentiment et du libre arbitre ou volonté consciente, le froid, le chaud et la loi physique aussi ne se transforment et ne disparaissent point.

La diminution de la chaleur, que l'on observe lorsque la force a réalisé le travail, doit être attribuée à quelque autre raison qu'à la transformation de la chaleur en travail. Après le développement de la chaleur et de la dilatation qui a donné l'impulsion, le froid et la concentration, qui sont les principes émulatifs et équivalents de la chaleur et de la dilatation, réagissent et prennent à leur tour le dessus. Ils dissimulent, remmagasinent la chaleur que l'on suppose transformée en travail, tandis que cette chaleur s'est probablement mélangée avec le froid, ce qui en expliquerait la prétendue disparition. Ce qui disparaît, c'est l'effort, la force lors qu'elle a produit le déplacement des molécules ou le travail, parce qu'elle a dépensé toute l'énergie dont elle était susceptible, et qu'elle est épuisée. Il y a donc toujours la même quantité de chaud et de froid. Lorsque le chaud et le froid sont séparés, il y a chaud intense d'une part et froid intense de l'autre. Mais si le chaud et le froid viennent à se mélanger, il y a température moyenne et équilibre entre eux.

Nous croyons que ce qui se dit de la matière considérée dans sa généralité, que rien ne se crée et rien ne se perd, est applicable à chacun des deux principes de la matière, l'atome et la substance, et que cela n'infirme en rien la faculté que nous reconnaissons à l'atome de créer et d'émettre des forces qui, après le travail exécuté, disparaissent par suite d'usure et d'épuisement. La force et le travail sont des créations éphémères dont l'apparition et la disparition, sans cesse renouvelées, n'ajoutent et n'enlèvent rien à l'atome, leur principe créateur, de même que *l'univers, sortant du néant sur l'appel d'une volonté souveraine, n'a rien distrait de l'Être supé-*

rieur d'où émanait la volonté instituant la force, c'est-à-dire la loi créatrice et conservatrice de l'univers.

Le *statu quo* quantitatif attribué à la matière, sous le rapport du poids et de l'étendue de la substance, doit donc s'entendre également de la dose de puissance et d'énergie dévolue aux atomes dès le commencement des temps, et de la somme des forces émises et dépensées quotidiennement par eux.

Observons encore l'esprit à un autre point de vue, pour en tirer les mêmes conséquences à l'égard de l'aptitude de l'atome à créer des forces qui effectuent un travail et de sa non-appropriation à se transformer.

L'immutabilité de l'ordonnance générale de l'univers prouve l'immutabilité de l'Esprit supérieur, créateur de l'univers. Si Dieu changeait, la création, qui est la reproduction symbolique et affaiblie de Dieu, changerait proportionnellement. La création ne changeant point, Dieu est immuable et conséquemment toujours identique.

L'âme humaine n'est point immuable comme Dieu, elle est perfectible. Néanmoins elle est toujours identique à elle-même. Le perfectionnement dont elle est susceptible ne consiste point dans l'addition ou la soustraction de quelque élément constitutif de l'âme. Le perfectionnement de l'âme n'est qu'un plus ample développement de ses facultés natives. L'homme, s'élevant dans la perfection ou se dégradant est, à l'égard de la constitution de son âme, toujours identique à lui-même.

Cette même identité doit être un caractère de l'atome, à titre de reproduction symbolique de ce qui existe dans l'Esprit supérieur et dans l'esprit humain. Si les principes constitutifs de l'atome se transformaient, l'atome ne se maintiendrait pas identique. Il faut donc admettre que l'atome et les principes constitutifs de l'atôme : le froid, le chaud et la loi physique, ne se transforment point, mais que la conciliation, dans l'atome, de deux principes tout à la fois opposés et connexes venant à s'unir à la loi physique, doit être considérée comme une cause complexe qui crée un effort, une force ayant qualité ou forme pour effectuer un travail ; que non-seulement cette force et ce travail ne se substituent point à la cause complexe dont ils émanent, et ne l'absorbent point, mais qu'au contraire, la force ne persiste et le travail ne s'effectue qu'autant que la cause se maintient identique, présente et active.

Il y a donc entre les diverses facultés de l'âme dualité ou opposition connexe, équivalence foncière et simultanéité d'existence, il s'ensuit qu'aucune d'elles ne se transforme, elles sont toujours identiques à elles-mêmes, et la part de concours que chacune d'elles apporte dans les actes peut être facilement discernée. Il n'en est pas de même des principes de la substance. Dans les combinaisons de ces derniers, la cause et l'effet sont confondus, celui-ci se substitue à celle-là qui disparaît. Dans la gradation échelonnée des facultés de l'esprit, la cause et les dérivés sont simultanés, séparés, distincts, mais unis solidairement et indissolublement.

La même dépendance réciproque et la même indissolubilité des facultés ou principes constitutifs de l'esprit, doivent se retrouver entre les parties ou principes constitutifs de l'atome. Par conséquent, de même que pas une des facultés de l'esprit ne peut disparaître sans que toutes les autres disparaissent pareillement, de même aussi la disparition d'un seul des principes constitutifs de l'atome déterminerait la disparition de tous les autres. La chaleur en tant que symbole du sentiment, étant un des principes constitutifs de l'atome, on ne saurait dire qu'elle se transforme et disparaisse sans sous-entendre expressément que l'atome tout entier se transforme et disparaît, ce que la similitude qui existe entre l'esprit et l'atome ne permet point d'admettre. Puisque l'esprit et les facultés de l'esprit ne se transforment et ne disparaissent point, l'atome et les principes de l'atome aussi ne sauraient ni se transformer, ni disparaître ; ce qui disparait, ce sont les forces éphémères et constamment renouvelables, émises par l'atome.

Pour nous résumer, nous adoptons que les éléments de la substance se transforment, nous nous refusons à croire que les éléments, principes ou facultés de l'âme et de l'atome se transforment également. La conciliation, l'entente plus ou moins cordiale des facultés de l'âme crée une tension, un effort, une force qui accomplit un acte, l'acte d'option et de volition. L'acte accompli, la détente succède à l'effort, à la force qui alors disparait, mais l'intelligence, le sentiment et le libre arbitre, c'est-à-dire les facultés génératrices et modificatrices de l'effort, de la force restent présentes et identiquement les mêmes. Les phénomènes de l'atome doivent avoir une solution analogue. Ainsi lorsque le froid, principe de concentration et de pesanteur et le chaud, principe de dilatation et de projection entrent en rapport, l'on doit supposer qu'ils ne se décomposent et ne se transforment point. Leurs mutuelles réactions modifient la force émise par le principe agissant ou loi physique qui, dans l'atome, remplit la fonction de la volonté. La force exécute le travail, et le travail exécuté, la force disparaît, parce qu'elle est épuisée. Quant à la chaleur et au froid, ils doivent se retrouver sans aucune déperdition après le travail effectué, comme l'intelligence, le sentiment et le libre arbitre après l'acte de volition et d'option.

De ce qui précède nous tirons ce nouvel aperçu que, comme l'Esprit supérieur, l'esprit humain et l'atome sont pourvus de la faculté de créer et d'émettre des forces qui accomplissent des actes, des effets, des produits, du travail. Les créations de l'homme et celles de l'atome sont le résultat d'une tension, d'un effort, d'un déploiement de force auquel succède la détente, c'est-à-dire l'épuisement de la force. Dieu ne fait point d'efforts, sa force est toujours égale et sans intermittence, c'est pourquoi les créations de Dieu durent à perpétuité, tandis que l'homme et l'atome ne créent que des forces et des actes ou effets, comme eux-mêmes, limités et temporaires.

L'atome étant une reproduction affaiblie de l'esprit supérieur, nous devons retrouver en lui les traces affaiblies de ce qui se passe en Dieu. Si l'on admet que la chaleur, qui est l'un des principes constitutifs de l'atome, se transforme en force et que cette chaleur transformée en force accomplit un travail, nous devons admettre également que dans l'œuvre de la création, Dieu s'est transformé en force, et qu'ainsi transformé, il est devenu l'ouvrier direct de tout le mouvement, non-seulement des créations matérielles, mais aussi de l'esprit humain. Dans l'homme, ce qui pense et ce qui sent, ce serait Dieu transformé en force ; Dieu se serait identifié à sa création et ne ferait qu'un avec elle.

Si, au contraire, l'on admet que la chaleur et le froid en se rencontrant, en se conciliant façonnent la force émise par le principe agissant appelée loi physique et que la force épuisée par le travail disparaît sans rien enlever à ses principes générateurs, la loi, le chaud et le froid, il s'ensuivra par induction analogique, que Dieu n'est pas l'ouvrier direct, mais l'arbitre et l'ordonnateur suprême de l'univers, et qu'une force ou loi instituée par lui a été le facteur de la création.

Le monde matériel inconscient, inerte, et par cela même hors d'état de faire une opposition quelconque, est inévitablement assujetti à la loi. La loi impose l'équilibre et règle toutes les conciliations et toutes les combinaisons des principes de l'atome et de ceux de la substance ; ce qui explique l'invariabilité du mode des conciliations et des transformations de l'ordre matériel. L'esprit humain, étant *conscient*, échappe à la fatalité de la loi, parce qu'il trouve en lui l'intelligence et le sentiment qui lui suggèrent des motifs bons ou mauvais, qui tour à tour l'inclinent à acquiescer ou à contrevenir à la loi.

Par suite de la perfection illimitée des attributs de Dieu, la force ou loi créatrice et conservatrice qu'il a émise a une portée également illimitée, c'est pourquoi l'œuvre de la création achevée, la force ou loi instituée divinement n'a subi aucune détente, elle n'est ni épuisée ni transformée, ni disparue, elle s'est maintenue créatrice et conservatrice ; elle recrée constamment et dans des conditions identiques, ce que la mort et la destruction font journellement disparaître dans les trois règnes de l'ordre matériel, corps bruts, végétaux et corps animés, hommes et animaux, puis elle règle et équilibre fatalement les conciliations et les combinaisons des principes de l'atome et ceux de la substance.

— La loi créatrice et conservatrice se modifie lorsqu'elle s'adresse à l'esprit humain, ses procédés ne sont point identiques, mais seulement analogues à ceux qu'elle suit à l'égard de la matière. En effet l'esprit humain considéré individuellement ne saurait être recréé, puisqu'il est immortel. Toutefois, il disparaît, c'est une mort apparente et sans nul doute la loi créatrice le fait reparaître quelque part. Dans quel lieu et dans quelles conditions s'effectue cette sorte de résurrection......? A en juger par le désarroi du monde religieux actuel, cette question semble n'avoir obtenu jusqu'ici aucune solution satisfaisante, elle reste à l'état d'étude.

Puis la loi conservatrice qui équilibre et fait régner l'harmonie dans l'univers en s'imposant fatalement dans toutes les opérations de la matière, ne s'impose nullement à l'homme, cependant elle ne l'abandonne pas entièrement aux hasard périlleux de sa faillibilité, la loi à titre de renseignement, soumet, à la libre option de l'homme, les sentences de la conscience, son interprête autorisée, et l'homme à son gré les accepte ou les repousse.

La loi, c'est la force émise par Dieu, c'est l'instrument docile dont Dieu s'est servi pour créer, pour conserver et pour faire régner l'harmonie. Donc, en dernière analyse, le principe de toute vie et de toute activité remonte jusqu'à Dieu, qui, sans faire partie intégrante de la création, en est le créateur et l'ordonnateur suprême.

Il y a loin de la conception d'un Dieu créant et ordonnant l'univers au moyen d'une *loi fatale pour la matière, et facultative pour l'homme*, à la conception d'un Dieu besogneux, fatalement uni à la matière et agissant en elle sans intermédiaire. Cette inepte conception du panthéisme est due à une lacune dans les considérants, elle est encore la déduction logique d'un point de comparaison mal éclairé. L'âme humaine, créée à l'image de Dieu, est évidemment en lutte avec la matière. Le corps matériel qui lui est adjoint est pour elle une sorte de lieu de détention: d'où l'on a conclu que Dieu aussi doit avoir une enveloppe matérielle, que le monde extérieur est sa forme visible, et que son esprit est la vie même de la nature.

Raisonner ainsi, c'est ne point tenir compte, comme nous l'avons fait dès le début, des différences qui subsistent entre les deux termes comparés, l'Esprit supérieur et l'esprit humain. Si nous tenons compte de leurs différences, nous en tirerons des inductions bien autrement dignes de créance. Ces inductions auront pour elles l'assentiment de ce *bon sens inné, commun à tous les hommes, et qui nous semble être surtout la manifestation spontanée et instinctive du sentiment, avec lequel l'intelligence doit s'entendre et se mettre d'accord, s'il ne veut s'exposer aux plus étranges aberrations:* Dieu et l'homme étant, à l'égard l'un de l'autre, créateur et créature, il s'ensuit que chacun d'eux est pourvu d'attributs directement opposés. Dieu, esprit créateur et illimité, est infaillible, tout-puissant, tout-sachant, etc. L'homme, au contraire, esprit contingent et limité, est faillible et relativement impuissant et ignorant. Si l'homme est assujetti à la matière et revêtu d'un corps matériel, c'est la conséquence naturelle de l'infériorité relative de l'esprit humain. Dieu, au contraire, en raison de sa perfection et de sa toute-puissance, domine souverainement la matière, et *il est un esprit pur*.

Au point de vue de la certitude à acquérir par voie d'analogie, les doctrines philosophiques sont grandement intéressées à vérifier si la chaleur se transforme en travail, ou non. La transformation de la chaleur en travail confirmerait le panthéisme et le matérialisme, qui n'est qu'un panthéisme renforcé et conséquent. Si, au contraire, l'on arrivait à prouver expérimentalement que la chaleur ne se convertit ni en force ni en travail, mais qu'avec le concours du froid, la chaleur façonne une force émise par le principe agissant ou loi physique, que cette force ne subit aucune transformation, qu'elle s'use, s'épuise et disparaît sans rien enlever à ses principes générateurs et modificateurs, si l'on prouvait cette irréductibilité de la chaleur et du froid, en tant que principes constitutifs de l'atome, le spiritualisme y trouverait la base solide qui lui a manqué jusqu'ici, l'exemple d'une parfaite similitude avec les faits physiques de ses propositions rationnelles sur l'existence d'une intelligence suprême, distincte de l'œuvre qu'elle a créée, et sur la spiritualité, l'indissolubilité, l'identité et l'immortalité des âmes humaines.

FIN.

TABLE DES MATIÈRES

PRÉFACE . . . .
INTRODUCTION   7
CHAP. I. — Origine et définition du principe de l'analogie et de celui de la dualité. Rapide exposé des propositions d'où se déduisent les conclusions théoriques de la loi morale absolue, complétée par les sous-entendus qu'elle comporte. La loi morale est révélée et confirmée par sa parfaite concordance avec les instincts et les prédispositions natives de l'homme. Moyen pratique de se conformer au précepte transcendant de la loi morale exprimé par *Donner plus qu'on ne reçoit*   13
CHAP. II. — Définition de la loi en général et du but spécial de la loi morale. Étude comparée de l'esprit et de la matière. La matière est inerte c'est-à-dire sans volonté, sans conscience, et son activité est stationnaire ; l'esprit est doué de la faculté d'être conscient, de vouloir et son activité est progressive et novatrice. Ce qu'il faut entendre par *Inertie* résumé en cinq points. Exposé de la méthode pour étudier les analogies. L'inertie de la matière prouve l'existence de Dieu et elle fait supposer que Dieu, Es-

prit supérieur, est le créateur de la matière et par suite qu'il existe quelque analogie entre l'esprit et la matière. Universalité du principe de la dualité signifiant opposition connexe. L'Esprit supérieur et la création sont la grande synthèse dualiste de tout ce qui est ; au-dessous, il y a la synthèse dualiste de la création dont l'homme, âme et corps, est la plus haute expression ; puis enfin la matière, synthèse dualiste infime également formée de deux natures opposées : l'atome et la substance. Opposition connexe, équivalence, solidarité et indivisibilité des facultés de l'esprit. Unité dualiste de l'esprit. L'essence de l'esprit humain est intelligence, sentiment et volonté consciente ou libre arbitre ; l'essence de la matière est l'opposé, c'est l'ignorantisme, l'insensibilité et l'inertie ou absence de volonté et de conscience. L'activité morale de l'esprit humain se manifeste sous deux formes opposées, l'individualisme et la philanthropie ; l'activité de la matière affecte également deux formes opposées qui ont de l'analogie avec l'individualisme et la philanthropie : c'est la force de concentration ou de pesanteur et celle de dilatation ou de projection. D'où il suit que les oppositions de l'esprit et de la matière se rapportent à leur nature intime et leurs analogies à leurs tendances et au mode de leur activité 36

CHAP. III. — Le principe de l'analogie admis confirme qu'il y a unité de plan dans la création et que le type de cette unité remonte jusqu'à Dieu. Le principe de la dualité est le type universel de l'unité de plan de la création, il est encore le fait capital régi par la loi une et universelle. Puis l'aperçu intuitif de l'équivalence foncière des deux termes de la dualité achemine l'homme à la connaissance de sa loi qui est une et universelle. La loi et le commandement de la loi une et universelle, commune à l'esprit et à la matière, c'est *l'équilibre ou l'équivalence d'activité et de concours, alternativement stable et instable, des deux termes de la dualité* ou opposition connexe 79

CHAP. IV. — Une première différence subsiste dans la loi selon qu'elle se rapporte à l'esprit ou à la matière: pour l'esprit la loi est *facultative* et pour la matière la loi est *fatale* 95

CHAP. V. — Réponse à deux objections capitales faites au libre arbitre de l'homme : la prescience de Dieu et la puissance des motifs . , . . 127

CHAP. VI. — La mutation universelle, c'est l'échange des particules de substance qui servent d'aliment à la matière. Cet échange se fait par voie de *résorption* et *d'absorption* ce qui est analogue au fait de l'esprit exprimé par *donner* et *recevoir*. Deuxième différence entre la loi de l'esprit et la loi de la matière: *la matière doit donner autant qu'elle reçoit* par suite de son inertie qui la condamne à la stabilité; *l'homme doit donner plus qu'il ne reçoit* parce que, en tant qu'esprit, il est apte à progresser et à produire plus qu'il ne consomme 146

CHAP. VII. — L'individualisme, la philanthropie et le cosmopolitisme 181

Chap. VIII. — Définition au point de vue des actes du vrai, du beau, du bien et de la raison . . 190

Chap. IX. — Aperçus complémentaires. La loi qui fait surgir tous les principes les oppose deux à deux, avec l'impulsion de progresser indéfiniment et de s'exclure réciproquement pour écarter tout ce qui leur fait obstacle, puis elle établit l'harmonie en assignant, à chacun des deux principes en opposition connexe, une équivalence foncière et inaliénable. A la tendance progressive des deux principes en opposition connexe succède par suite de l'équivalence foncière, l'équilibre qui les concilie, les combine et les constitue en une cause dualiste propre à créer un effet, un acte, un travail, un produit. La loi est donc tout à la fois un principe de progrès et de *statu quo*, d'exclusivisme et d'harmonie, d'individualisme et de philanthropie, d'inégalité et d'égalité.

Les principes de la substance se combinent, ce qui les dénature et les transforme; les principes de l'esprit et ceux de l'atome se concilient, c'est-à-dire qu'ils se limitent réciproquement en procédant par réactions ou alternats, ce qui leur permet de se maintenir identiques. . . 194

Appendice. — Réfutation rationnelle de quelques affirmations scientifiques encore controversées : l'unité indivisible et absolue de l'esprit et de la matière, la mortalité de l'âme, la transformation des espèces et celle de l'homme, l'hétérogénie et la transformation des forces physiques, notamment celle de la chaleur en travail. —

La substance, à l'instar du corps humain, est foncièrement décomposable et transformable. Par opposition l'esprit humain et l'atome sont inaliénables, mais puissants à créer et à dépenser des forces qui accomplissent des actes, du travail, des effets, des produits. Les forces émises par l'esprit et par l'atome et ce qui en est résulté acte, travail, effet, produit, n'enlèvent rien à l'esprit, ni à l'atome. L'un et l'autre se maintiennent présents et identiques. Ce qui disparait, c'est la force, parce qu'elle est momentanement épuisée. — Le *statu quo* quantitatif attribué à la matière, sous le rapport du poids et de l'étendue de la substance, doit s'entendre également de la dose de puissance et d'énergie dévolue aux atomes dès le commencement des temps, et de la somme des forces, constamment renouvelables, émises et dépensées quotidiennement par eux, car il est à remarquer que la force ne fait point partie constitutive de l'esprit, ni de l'atome, elle est un produit de leur activité 209

ERRATUM. — La phrase suivante a été omise à la page 30, après les mots « et avenir de la famille » : *Un pas de plus est à faire, c'est d'ajouter à la réserve une deuxième part pour le service des devoirs sociaux.*

Montbéliard (Doubs). — Imp. BARBIER Frères.

www.ingramcontent.com/pod-product-compliance
Lightning Source LLC
Chambersburg PA
CBHW050338170426
43200CB00009BA/1641